edition suhrkamp 2804

AF156023

In einer auf Zellengröße geschrumpften Welt gewinnt jedes Detail an Bedeutung: die geschriebenen und ungeschriebenen Regeln des Alltags, die offenen und versteckten Erniedrigungen, die großen und kleinen Träume. Pointiert und ironisch, mit bitterem, aber nie verbittertem Humor erzählt Maxim Znak, brillanter Jurist und Beobachter, vom Alltag in der belarussischen Gefängniswelt, von Szenen des Widerstands und der Selbstbehauptung, vom leisen und lauten Verrücktwerden.

Maxim Znak, geboren 1981 in Minsk, Anwalt der prominenten Anführerin der belarussischen Protestbewegung Maria Kalesnikava, wurde am 9. September 2020 verhaftet. Sein »Zekamerone« (von *zek*, einem russischen Wort für Häftling), eine Sammlung von einhundert *mini stories*, hat er während des ersten Jahres in wechselnden Untersuchungsgefängnissen in ein Notizbuch notiert, das nach draußen gelangte. Im September 2021 wurde er wegen »Gründung einer Terrororganisation« zu zehn Jahren Strafkolonie verurteilt.

Valzhyna Mort, geboren 1981 in Minsk, belarussische Lyrikerin, lebt seit 2006 in den USA. Zuletzt erschien von ihr *Musik für die Toten und Auferstandenen* (es 2766).

Maxim Znak

Zekamerone

Geschichten aus dem Gefängnis

Aus dem Russischen von Henriette Reisner
und Volker Weichsel
Mit einem Nachwort von Valzhyna Mort

Suhrkamp

Das Buch wurde aus dem Manuskript übersetzt.

2. Auflage 2023

Erste Auflage 2023
edition suhrkamp 2804
Deutsche Erstausgabe
© der deutschsprachigen Ausgabe Suhrkamp Verlag AG, Berlin, 2023
Alle Rechte vorbehalten.
Wir behalten uns auch eine Nutzung des Werks für Text
und Data Mining im Sinne von § 44b UrhG vor.
Umschlag gestaltet nach einem Konzept von Willy Fleckhaus:
Rolf Staudt
Satz: Satz-Offizin Hümmer GmbH, Waldbüttelbrunn
Druck: C. H. Beck, NördlingenPrinted in Germany
ISBN 978-3-518-12804-6

www.suhrkamp.de

Zekamerone

Komm zu mir in die Hütte. Ich vermisse dich.
Hier gibt es zur Begrüßung immer Tee
Und trübes Licht, das nie verlischt.
Komm besser nicht.
Angst haben muss man nicht, aber ein Tag ist wie der andere
Und einen Sinn, eine Wahrheit gibt es nicht.

Von ganzem Herzen in Dankbarkeit:

Meiner Mutter und ihrer Mutter, die so sehr an mich geglaubt haben, dass ich plötzlich ich selbst geworden bin.

Meinem Großvater, der mich lehrte, alles, was ich tue, auch richtig zu tun. Und dem Großvater, der zurückkehrte, der Vater meines Vaters wurde und mir das Schachspielen beibrachte.

Meinem Vater, der sich nun wieder um mich kümmern muss.

Meiner Schwester, die zu meiner Stimme wurde, heller, begabter und aufrichtiger als meine eigene.

Meinem Sohn Ales, der mich bei seiner eigenen Erziehung ersetzen muss,

und natürlich meiner Frau Nadeschda, meiner Fürsprecherin, die damals auf dem Standesamt nicht nein gesagt hat, für die ich viel zu wenig da war und die sich vor Gericht auf eine Weise für mich einsetzte, dass ich zum ersten Mal vor Glück weinen musste.

Diese Perlen der Emotion, sinnerfüllte Augenblicke in all dem hoffnungslosen Grau, diese Widerklänge eines wenn auch traurigen Lächelns – sie sind natürlich für euch.

1. Das Gericht

Er kam aus der Verlegung und ging in die Verlegung. So kommen und gehen alle. Neunzehnmal hatte er den Frühling gesehen … und jetzt warteten vielleicht acht Winter auf ihn. Nicht gerade wenig, aber so war es bei vielen. Außerdem war er unverdient hier gelandet, wie alle, wie immer.

Er war es noch nicht müde zu erzählen, wie ungerecht die Welt ist, dass dies alles ein einziges System ist und wie aussichtslos, auf Freispruch zu hoffen. Und erstaunlicherweise fanden sich Zuhörer, die mitfühlend nickten, manchmal fügten sie ihre eigenen Beispiele aus tausendfach erzählten Geschichten hinzu. Vermutlich beruhigte das.

»Was soll man vom Prozess erwarten? Was gefordert wird, das kriegst du auch, wer hängt sich da rein?«

»Quatsch, sie gehen fast immer ein bisschen runter.«

»Kann sein, aber nur ganz wenig. Entscheidend ist doch: Ein Freispruch ist unmöglich. Sie hören dir nicht mal zu.«

»Sie werden nicht zuhören und nichts hören wollen. Und natürlich wird es keinen Freispruch geben.«

An dieser Stelle sagte er etwas Ungewöhnliches.

»Aber egal. Ich wende mich an ein internationales Gericht!«

»An welches?«

»Ich hab eine Notiz …«

»Sag schon, welches. Ich bin halt Jurist, ich dachte, wir hätten nichts ratifiziert.«

»Ich erinnere mich nicht. Mir hat das bei der Verlegung einer aufgeschrieben, einer, dem sie ordentlich was aufgebrummt haben. Er meinte, dort würden sie sich drum kümmern. Sie haben es probiert; angeblich hat es geklappt.«

»Vielleicht Den Haag? Aber das haben wir nicht unterschrieben … Oder Straßburg? Obwohl, das auch nicht.«

»Nein, die nicht. Es war was anderes.«

»Such doch mal, vielleicht schreibe ich auch, wenn das läuft.«

Er kramte in seiner Tasche, durchwühlte sie einmal komplett, bis er aus den Tiefen ein Stück Papier hervorzog. Zwischen den Zeilen aus seiner Anklageschrift stand in breiter und ungelenker Schrift der Name der Instanz, die ihm empfohlen worden war: »Lynchgericht«.

2. Zahnärzte

Er kam vom Verhör mit einem Gesicht, blasser als leichenblass.

»Ey, haben sie dir noch was Neues angehängt? Oder dir den Kiefer verrenkt?«

»Nee. Zahnschmerzen. Hört einfach nicht auf.«

Es war wirklich ernst.

»Kann man hier zum Zahnarzt?«

»Schon, aber überleg dir gut, ob es sein muss.«

»Warum?«

»Ich war selber noch nicht da. Aber angeblich dürfen die nicht behandeln, nur ziehen.«

»Blödsinn«, mischte sich ein anderer ein. »Sie behandeln schon, aber öfter ziehen sie einfach. Und wenn sie behandeln, dann ohne Betäubung.«

»Kann man ihnen nichts zustecken, damit sie ihn vereisen?« Die Frage war ernst gemeint, aber alle lachten.

»Natürlich nicht.«

»Behandle ihn lieber selbst. Speck ist da, Knoblauch auch.«

»Analgin haben wir auf dem Regal.«

»Analgin taugt nichts, das lindert nur den Schmerz, aber der Zahn heilt nicht. Nimm lieber Speck und leg ihn drauf – und dann halten. Den einen hilft geräucherter, den anderen normaler.«

»Speck ist Quatsch – besser Knoblauch. Du nimmst eine Zehe, schälst sie und legst sie dir aufs Handgelenk: wenn der Zahn links wehtut aufs rechte, wenn es rechts ist, dann aufs linke. Aber nicht zu lange halten, sonst versengst du dir die Vene.«

»Wir haben mal eine Knoblauchzehe angezündet und inhaliert, für den Zahn.«

»Brotrinde vielleicht?«

»Nein, Brot hilft bei Erkältung. Für den Zahn braucht man eine Knoblauchzehe.«

»Ich war mal im Zwangsentzug, da haben sie mich mit Zucker behandelt. Ein paar Löffel Würfelzucker anzünden, dann inhalieren.«

»Und? Hört der Schmerz auf?«

»Der faule Zahn bröckelt einfach weg und alles andere, was krank ist, auch. Nur die Wurzeln bleiben übrig.«

Er lächelte breit und zeigte seine zwei Zähne.

Nachdem er sich alle Ratschläge angehört hatte, entschied er sich für gesalzenen Speck. Dann nahm er aber doch noch die letzte Analgin. Das musste fürs Erste reichen.

3. Männchen

Er sah aus wie ein Handelsvertreter, vielleicht war er sogar Jurist. Nachdem er seine Zellengenossen kennengelernt und seine Sachen ausgepackt hatte, entdeckte er die Zettel an der Wand. Auszüge aus Gesetzen, aus der Gefängnisordnung und sogar ein Foto: eine Anleitung zum Bettenmachen. Alle in der Hütte sahen in den Zetteln schon lange nur noch Wandschmuck: eine Art Klecks auf den fehlenden Tapeten. Er aber stand lange davor, studierte sie und nickte sogar manchmal im Takt seiner Gedanken.

Als er die Regeln durchgelesen hatte, legte er sich mit stolzem Blick auf seine Pritsche, ein Buch in der Hand.

Die anderen warnten ihn, dass das nicht erlaubt ist. Das sei hier nicht üblich.

»Wo steht, dass das verboten ist?«

»Die Flurwärter sehen es und schreiben einen Bericht.«

»Worüber denn?«

»Dass du liegst.«

»Aber das ist doch offenbar nicht verboten?«

»Offenbar ... Offenbar doch ...«

Er blieb trotzdem liegen. Kurz darauf öffnete sich der »Schnabel«, Schlüssel schlugen auf Eisen: Los, herkommen. Ja, du da, rechts oben.

»Was liegen wir?«

»Wir lesen ein Buch!«

»Liegen ist nicht erlaubt!«

»Verzeihung, ich habe alle Verbote und Pflichten aufmerksam gelesen, alle Informationen, die dort ausgehängt sind. Von einem Liegeverbot steht da nichts.«

»Und wenn ich eines finde?«

»Ich bin ganz sicher, ich habe es mehrfach geprüft.«

»Dann schau noch mal genau. Auf die Anleitung zum Bettenmachen.«

»Ich habe sie streng befolgt.«

»Und siehst du da ein Männchen?«

»Was für ein Männchen?«

»Auf der Matratze liegt kein Männchen? Nein? Tadel wird notiert. Noch Fragen?«

Er hatte keine Fragen mehr. Er hatte ein neues Wort gelernt: Tadel.

4. Das Klopfen der Kakerlaken

Er öffnete die Augen und sah direkt über sich an der Decke eine Kakerlake, die eilig ihren Geschäften nachging. Die Kakerlake war weiß. Er hatte gehört, dass die weißen gegen die rötlichen kämpfen und die eine Art siegen wird. Aber das war woanders gewesen. Dort gab es vermutlich keine Kakerlaken. Das zählt nicht.

Nicht die Kakerlake war das Problem, sondern mitten in der Nacht aus irgendeinem Grund aufzuwachen. Hatte vielleicht die Kakerlake laut geklopft? Und wenn schon. Die Lage war übel. Es war Nacht. Genaueres konnte er nicht sagen. Nur dass die Beleuchtung weniger grell war. Auf dem Flur alles still. Irgendwas zwischen Mitternacht und fünf Uhr früh. Bloß nicht einen der Glücklichen mit Uhr wecken und fragen. Vor einigen Tagen hatte das einer gemacht und sich dann rausgeredet, der mit der Uhr hätte geschnarcht, und er konnte nicht schlafen. Es war Viertel vor vier. Alle waren aufgewacht … Jetzt schliefen alle. Das war das Schlimmste …

Um zu verstehen, was Schnarchen bedeutet, muss man fünf bis zwanzig Männer in einen Raum sperren. Es sind definitiv ein paar Schnarcher dabei. Sukzessive geben sie ihr schwarzes Handwerk an die anderen weiter.

Schnarcher sind scheint's freundliche Menschen. Sie lassen es zu, dass man ihnen in die Seite boxt oder sie umdreht. Doch das hilft nicht. Der Schnarcher hört für einen Moment auf, schläft aber schneller wieder ein als du. Und wenn es mehrere in einer Zelle sind (und es sind immer mehrere), dann verspricht das Rumdrehen keinen Erfolg. Daher muss man vereinbaren, dass die anderen eine Stunde Vorsprung beim Einschlafen bekommen. Wer es in dieser Zeit nicht geschafft hat oder nachts aufwacht, herzliches Beileid auch. So war die Lage. Drei Schnarcher, in allen drei Dimensionen. Keine Chance. Aber natürlich versuchte er es. Er klopfte auf die Pritsche. Zwecklos. Er konnte einfach nicht einschlafen. Und wurde richtig wütend. Indem sie schliefen, ließen sie ihn nicht schlafen! Doppelt gemein. Wäre es schon vier, könnte man aufstehen ... Keine Ahnung, wie spät es ist ...

Er wälzte sich hin und her, er wurde wütend, klopfte, fluchte halblaut ... bis er vollkommen erschöpft war. Und endlich einschlief.

5. Anderthalb Schiffchen

Am Morgen sollte er anderthalb Schiffchen bekommen. Bei allen legten morgens welche an. Mal sehen, wie das hier ist.

In Schiffchen, leeren Streichholzschachteln, wurde hier Schüttgut gemessen und transportiert: Zucker, Tee, Kaffee, wenn man Glück hatte ein Gewürz. Manchmal sogar etwas Essbares. Es kommt vor, dass man sich hausgemachtes Püree wünscht, und dann gibt's kein Besteck. Rettung bringen Schiffchen und Schaufel, wie hier die Aluminiumbecher genannt werden, die wie ein großer Fingerhut aussehen. Im Karzer hatte er vier persönliche Wertsachen: Becher, Zahnbürste, Zahnpasta und ein Stück Seife. Das war's. Nein, stopp. Außerdem eine Unterhose, ein Paar Strümpfe und Latschen. Aber keine Zuckerdose. Nichts davon taugte als Zuckerdose. Vielleicht ein Strumpf? Aber der wurde woanders gebraucht. Wohin mit den anderthalb Schiffchen Zucker? Knifflige Sache.

Vom Flur war schon das Klappern des Schnabels zu hören. Wie auf einer altertümlichen Galeone: das Knarren der sich öffnenden Geschützpforten (die Luke geht auf), dann der laute Knall der Kanone (die Luke ist abgefertigt und wird zugeworfen, damit das Schloss einrastet). Schon dröhnte die letzte vor ihm, und fast augenblicklich öffnete sich seine; er erhielt einen kleinen Beutel aus festem Stoff. Auf dem Beutel stand mit Schablone geschrieben: »K-2«. Die perfekte Zuckerdose! Fast wie venezianisches Porzellan. In dem Beutel baumelte Zucker. Er glaubte, dass es nicht weniger als anderthalb Schiffchen waren. Überprüfen konnte er es nicht. Schiffchen waren im Karzer verboten. Aber Hauptsache, er hatte einen Zuckerbehälter.

Der Schnabel öffnete sich erneut, ein Teller mit Grütze erschien. Heute gab es den bewährten Hafer.

»Tee? Die Tüte für den Zucker!«

Seine Gedanken begannen zu kreisen. Die Zuckerdose schwamm davon, was sollte er mit den Schiffchen machen? Auf keinen Fall zurückgeben!

»Moment!« Die Erleuchtung kam plötzlich. Er schüttete einen Großteil des Zuckers in die Schüssel mit der Hafergrütze und den Rest in den leeren Becher. Und schob stolz Schüssel und Becher durch den Schnabel:

»Tee, bitte.«

6. Der Neffe

»Bürger Vorgesetzter![1] Gestatten Sie bitte, den Film zu Ende zu sehen! Schalten Sie bitte den Strom nicht ab!«

»Nee, Onkelchen, das geht nicht, musst du verstehen.«

Der Schalter klickte, das Onkelchen schaute auf den schwarzen Bildschirm, und der Fluraufseher hatte einen neuen Namen: der Neffe.

»Dein Neffe hat heute Aufsicht!«, sagten sie zum Onkelchen.

»Vielleicht schaltet er den Strom ein bisschen später aus?«

Onkelchen machte das Spiel mit:

»Ja, er hat keinen Plan. Völlig verpeilt. Mit den Schlüsseln hat er auch ein Problem.«

Der Neffe hatte tatsächlich ein Problem mit den Schlüsseln. Eine Art Inkontinenz. Mal ließ er sie fallen, mal verwechselte er sie, dann musste er sie alle durchgehen. Deshalb hörten wir ihn schon von weitem. Die Erfahrenen sagten, das »Problem mit den Schlüsseln« sei ein kleines Geschenk an uns, damit wir vorbereitet sind, dass gleich das »Auge« aufgeht, und in diesem Moment nichts Verbotenes tun. Im Borissow-Trakt hätten die Aufseher echte Probleme mit den Schlüsseln.

Nachts war denen langweilig, und sie ließen den Schlüsselbund über den langen Korridor schlittern. Steilpass. Alle Inhaftierten lauschten diesem Curling – ihnen wurde nicht langweilig.

Der Neffe warf nachts nicht mit den Schlüsseln, er klimperte sogar leiser mit ihnen. Wenn ihm langweilig wurde, öffnete er ein »Auge« und betrachtete lange und gründlich die menschenähnlichen Fischlein in den Aquarien entlang des Flurs. Aus irgendeinem Grund öffnete er das »Auge« auch nachts und betrachtete uns Fischlein, obwohl wir längst schliefen. Wir beschlossen, dass er wohl nachsehen wollte, wie sein Onkelchen schläft.

7. Süße Kondensmilch

In der neuen Hütte saß nur er warm. Seine neuen Nachbarn erhielten keine Pakete, sie hatten nicht mal Geld auf dem Inhaftiertenkonto. Er war überzeugt, dass die »mit Heizung« nach einem listigen Plan auf die Zellen verteilt wurden, um allen, die es ihrer menschlichen Qualitäten wegen verdienten, eine zusätzliche Ration und Vitamine zukommen zu lassen. Sei's drum.

Die Bestückung rückte näher. Die letzte war mehr als zwei Wochen her, also würde man bald wieder alles kaufen können, was man für die Zelle braucht (einen Lappen) und für die Seele – ein, zwei Päckchen Zigaretten für die Raucher sollten drin sein.

Als die Liste für die Bestückung gebracht wurde, studierte er sie wieder aufmerksam. Er machte das jedes Mal. Natürlich hatte sich nichts geändert. Aber einige Posten waren als fehlend markiert. Wie immer gab es keine Mayonnaise. Ein Mangelposten war dazugekommen: Neujahrskarten. Das Jahresende stand bevor, und obwohl es eine Beschränkung gab (zwei pro Person), waren die Karten schnell aus. Egal, dann malen wir eben selbst welche.

Dieses Mal hatte er ein unstillbares Bedürfnis nach …

»Männer, lasst uns süße Kondensmilch bestellen, wir werden Kaffee trinken wie die Adligen.«

Die Männer brummten zustimmend, obwohl ihnen zwei Päckchen »Astra« lieber gewesen wären.

»Keine Wahl. Ich nehme zwei Packungen, eine für mich und eine für alle. Okay?«

Natürlich widersprach niemand. Es wurde ruhiger.

In den zwei Tagen, bis die Bestückung kam, stellte er sich vor, wie er die süße Kondensmilch genießen würde. Wie gut, dass sie heute in Packungen mit abschraubbarem Deckel gefüllt wird. Man kann unter der Decke liegen und daran nuckeln. Nicht, dass er sich schämte, aber die Kondensmilch vor aller Augen zu trinken, wäre ihm doch peinlich gewesen.

Als die Kondensmilch kam, nahm er sofort »seine« Packung und versteckte sie in seiner Tasche.

Öffnen wollte er sie noch nicht, lieber den Genuss hinauszögern. Es würde die beste Kondensmilch seines Lebens sein.

Die Männer freuten sich über die Zigaretten und portionierten sie, damit sie länger hielten. Mit Kondensmilch hatten sie keine Erfahrung, daher konnten die angehenden Aristokraten nur einmal süßen Kaffee trinken.

Danach hielt er noch zwei Tage durch.

»Hokuspokus!« Mit der Handbewegung eines Zauberers holte er die Packung aus seiner Tasche hervor.

»Was sagt ihr, Männer. Wir sind wieder Aristokraten.«

Die Männer johlten zustimmend, obwohl ihnen die »Astras« natürlich lieber gewesen wären. Und er löffelte die beste Kondensmilch seines Lebens.

8. Familienessen

Er kam rein, und sofort war klar: ein Frischling. Nervös, hatte wohl was abgekriegt, irgendwie ramponiert, in lange nicht mehr gewaschenen Kleidern. Er wurde begrüßt, befragt, wer und warum, und mit Tee versorgt. Er schaute weiter ängstlich in alle Richtungen, beruhigte sich aber ein wenig. Als auf dem Flur die Löffel klapperten, fragte ihn einer: »Und, isst du allein oder mit uns zusammen?« Natürlich verstand er nichts und bekam erklärt, dass dies hier eine Gruppenhütte ist. Wer was von draußen bekommt, der teilt es, jeder kann sich aus dem Gruppengut bedienen. Wer das nicht will, kann seine Sachen in seiner Tasche verstecken. Und manchmal tut man sich auch in »Familien« zusammen, kleinere Gemeinschaften, die alles teilen. Er schien immer noch nicht zu verstehen, nickte aber und sagte: »Ich mach's wie alle.« Als er die Zwiebel, die Wurst und den Speck sah, verstand er endlich und nannte die Nudeln mit Hühnchenaroma »ein hervorragendes Familienessen«. Die große Familie war offensichtlich nach seinem Gusto.

Die Tage zogen vorbei, und die Pakete zogen vorbei. Auf Nudeln folgten Kartoffeln und auf Kartoffeln Nudeln. Er lebte sich ein, und bald erzählte auch er den Neulingen, wie die Regeln sind. Nicht als Ältester natürlich, sondern nur Details, und nur, wenn es sich ergab.

Pakete erhielt er keine, obwohl er Briefe schrieb und dafür Umschläge erbat. Das kommt vor. Vielen geht es so.

Als der Wärter an der Paketausgabe seinen Namen ausrief, war er zuerst ganz durcheinander und stürzte dann zum Schnabel. Schon im Laufen rief er Vor- und Vatersnamen und Geburtsjahr. Die »Beute« war reichlich. Um die 30 Kilo, in einer schönen Tasche. Als er am Abend zu Tisch gerufen wurde, sagte er einfach: »Danke, Männer, ab jetzt esse ich allein.«

9. Das Diktat

Die Schleuse wirkte massiv – selbst auf dem Schnabel glänzten die Eisenbeschläge, aber alles, was auf dem Flur vor sich ging, war gut zu hören. Dort arbeitete die Erzieherin den Stapel mit den gestrigen Berichten ab. Sie rief die Regelbrecher einzeln heraus und nahm ihnen Erklärungen ab. Abnehmen – das trifft die Sache.

Er wurde als Dritter herausgerufen. Er hatte es sogar noch geschafft, sich schnell zu rasieren, denn die ersten zwei waren gefragt worden: »Warum bist du so unrasiert?« Der übliche Einstieg.

Bei ihm ging's sofort zur Sache.

»Über Sie wurde ein Bericht erstellt, dass Sie gestern um 14.45 Uhr geschlafen haben. Ist das korrekt?«

»Nein. Ich habe es dem Beamten erklärt, ich hatte starke Kopfschmerzen, ich hatte hohen Blutdruck, ich habe sogar nach einem Arzt gefragt, also habe ich mich hingelegt, aber nicht geschlafen. Ich hätte gar nicht einschlafen können!«

»Also gut, schreiben Sie das. Wissen Sie, wie man eine Erklärung korrekt ausfüllt?«

»Ich weiß nicht, wie korrekt, aber ...«

»Gut, ich diktiere. Hier ist das Formular.«

»Danke!«

»Schreiben Sie, hier die Personalien, so …, und hier das, was Sie mir erklärt haben, an dem und dem Tag hatte ich um die und die Uhrzeit Kopfschmerzen, haben Sie's?«

»Ja, fertig. Soll ich den Bluthochdruck erwähnen?«

»Können Sie, müssen Sie aber nicht. Also, ich hatte Kopfschmerzen und habe mich auf die Pritsche gelegt und die Augen zugemacht.«

»Aber ich habe ja nicht geschlafen!«

»Sie schreiben ja nicht, dass Sie geschlafen haben. Schreiben Sie: Und machte die Augen zu. Gut, fertig.«

»Das reicht?«

»Ja, natürlich. Rufen Sie den Nächsten, wir nehmen jetzt von allen Erklärungen ab, dass Sie mit geschlossenen Augen dagelegen haben.«

Nach einer Stunde war die Arbeit beendet, alle Erklärungen waren abgenommen.

Jetzt konnte man ans Bestrafen gehen.

10. Die Heilpflanze

Immer wieder kam das Gespräch auf den Weißdorn und endete dann wieder. Es war eines dieser ewigen Themen, so wie der Sinn des Lebens oder die Frage, wie viele Jahre man bekommen hatte oder wie viele sie einem geben würden. Besonders interessant war es, den Experten zuzuhören.

»Eins zu eins! Was gibt's da zu deuteln?«

»Totaler Schwachsinn. Früher hatte er 78 Prozent, jetzt nur noch 68. Man muss das jetzt klug angehen!«

»Und wie sieht das deiner Meinung nach aus?«

»Also. Man muss zwanzig Flaschen auf einmal holen.«

»Verzeihung«, ein Schlaumeier mischte sich ein, einer von denen, die noch kein einziges Mal Weißdorn getrunken hatten. Sie sahen ihn mitleidig an, bevor er überhaupt weiterreden konnte.

»Werden die nicht nur einzeln verkauft?«

»Du sagst einfach, dein Opa hat es vom Arzt verschrieben bekommen, und du fährst für drei Monate zu ihm aufs Dorf. Und dann legst du noch Schokolade dazu.«

»Geht auch ohne. Also, zwanzig Flaschen. Für ein Glas mischst du drei Flaschen Weißdorn mit einer Flasche Wasser. Nie anders.« Zur Bekräftigung hob er den Daumen.

»Drei zu eins, also mehr als 40 Prozent«, mischte sich der Schlaumeier wieder ein. »Man kann auch so mischen, dass es genau 40 Prozent werden.«

»Wenn's dir Spaß macht. Ich gebe drei Flaschen in ein Glas und eine Flasche Wasser dazu. Das hat mir der Arzt für meine Nerven verschrieben, im Ernst. Nur hat er gesagt, eine Flasche für drei Tage. Aber wie teilt man 50 Gramm durch drei? Also multipliziere ich. Und eine Flasche Wasser obendrauf. Aber ich brauche zwei Gläser.«

»Wozu?«

»Um meine Nerven zu beruhigen. Ich trinke, und dann schlafe ich drei Stunden.«

»Zwei Flaschen reichen zum Schlafen, man muss es nicht verdünnen.« Ein neuer Adept mischte sich in das Gespräch ein.

»Und das brennt nicht in der Kehle?«, wieder der Schlaumeier. Und wieder erstaunte Blicke. Man hatte schon ganz andere Sachen getrunken.

Die Debatte, was man trinken kann und was auf keinen Fall, war eine andere ewige und manchmal tragische Geschichte.

»Es brennt nicht, aber das Aufstoßen danach ist unangenehm.« Die Anwesenden nickten mitfühlend.

»Das ist sowieso Kinderkram. Besser einen Klaren kippen.«

»Besser ja. Aber schlauer ist Weißdorn. Was kostet der Wodka?«

»Sechs achtundzwanzig«, sagten die drei unisono.

»Na also, und der Weißdorn 84 Kopeken. 16 Rubel für den Liter. Noch eine Flasche dazu, und du hast sieben Gläser. Drei halbe Liter!«

Da gab es nichts einzuwenden. Die Methode des Professors war perfekt. Stärker und billiger als Wodka, und auch noch wirksam – für drei Stunden die Nerven beruhigen.

Eine Stimme unterbrach die nachdenkliche Stille.

»Bei uns wuchs Weißdorn neben der Schule. Wir haben ihn immer gesammelt, dazu sind wir sogar um den ganzen Zaun herumgelaufen. Aber wir haben uns nur damit beworfen, geschmeckt hat er uns nicht.«[2]

Aber an diesem Gespräch beteiligte sich keiner. Uninteressant!

11. Das Gefühl

Die Verhandlung wurde wieder einmal nach dem Zapfenstreich angekündigt. Auf dem Flur wurde sein Name gerufen und »Morgen zum Gericht«. An Schlaf war nicht mehr zu denken. Spätes Einnicken, frühes Aufwachen. Ab halb fünf lief er durch die Zelle, wusch und rasierte sich im Halbdunkel. Und wenn sie ihn vor dem Frühstück abholen? Angeblich machen sie das manchmal. Er packte alle seine Sachen, rollte die Matratze zusammen. Wer rausgeht, nimmt alles mit, als wär's für immer. Sie holten ihn nach dem Frühstück, als er bereits allen zum hundertsten Mal die Details seines unspektakulären Falls erzählt hatte. Jetzt stand ihm die Reise bevor: Stauraum, Becher, Schubbus[3]; kurze Verhandlung, langes Warten. Sehr wenig Tabak und sehr viel Filzen. Seine Sachen gab er noch vor dem Schubbus in der Kammer ab. Selbst im unwahrscheinlichen Fall eines Freispruchs würde er zurück in die U-Haft gebracht.

Er war zwölf Stunden unterwegs. Die Verhandlung hatte dreißig Minuten gedauert.

»Wie viel?«, fragten sie ihn bei der Rückkehr im Chor.

»Um eine Woche vertagt.« Er winkte ab.

»Was haben die Staatsanwälte gefordert?«

»Außer mir waren alle neu. Die Richterin, der Staatsanwalt. Sie saßen da und haben gelesen, was vor jetzt fast einem Jahr war. Zwei Fragen an mich, das war's. Der Beschädigte ist nicht erschienen!«

Er äußerte sich ausführlich dazu, was er von diesem Beschädigten im Allgemeinen und seinem Verhalten im Besonderen hielt.

»Du bist also umsonst hingefahren?«

»So ist es.«

»Hast du denn nicht gesagt, dass du alt bist, dass es dir immer schlechter geht, dass du krank bist, was die U-Haft mit dir macht, damit sie da was entscheiden?«

»Habe ich … aber was interessiert die das?«

»Die Richterin wollte also nicht? Wozu denn der Beschädigte? Sie hätte dich rauslassen müssen, du hast deine Zeit doch schon abgesessen!«

»Das hab ich ja vorgebracht, aber sie – sie hat nichts gesagt.«

Alle gingen wieder ihren Angelegenheiten nach, die Lage war klar.

»Aber wisst ihr was«, unterbrach er eine Minute später die Stille. »Von den Fragen der Richterin her hatte ich das Gefühl, sie ist auf meiner Seite, wär da nicht der Beschädigte.«

Nach einiger Zeit wiederholte er mit überzeugter Stimme:

»Gut, dass wenigstens die Richterin auf meiner Seite ist …«

12. Das sind wir

Das Reglement für den Tagesablauf sah vor, dass die Zelle morgens und abends gereinigt werden musste, aber außer im Karzer reichte auch einmal am Tag.

Taschen auf die Pritschen! – und los zur Kontrolle. Mit Feger und Schippe, Schwamm und Lappen. Keine Dummheiten.

Aber wozu jeden Tag putzen an einem Ort, wo nur ein winziges Stück Boden frei ist und jeder penibel darauf achtet, nichts zu hinterlassen. Selbst ein Haar kann einen Riesenstreit auslösen, daher gibt es in ordentlichen Zellen keine Ferkel. Und doch: jeden Tag korrektes Reinemachen.

Die Bewegungen mit dem Feger (mit dem Besen schaffen es nur die wenigsten) sind kurz und kunstvoll. Der Feger klopft bei jedem Wisch auf den Boden, damit der Staub abfällt. Ein bisschen wie beim Steppen. Der Lappen muss mehrfach ausgewaschen werden, bis das Wasser klar bleibt.

Heute hatte er Zellendienst, daher präsentierte er die bei der letzten Bestückung angeschafften Werkzeuge: Die »Schippe«[4] und den Lappen für den Boden. Scheuerlauge, Waschpulver (eine Prise ins Wasser für einen frischen Boden) und Schwämme. All diese Schätze hier gekauft – ein seltenes Glück!

Zehn Minuten nach Beginn des Reinemachens schaute er erstaunt auf einen kleinen schwarzen Dreckhaufen. Die neue Schippe musste zwei Mal gefüllt werden. Und gestern war schon mal so ein Haufen da gewesen. Er verstand einfach nicht, wer so viel Dreck in die Zelle schleppt, und beschloss zu fragen:

»Wir haben doch saubergemacht. Wo kommt das her?«

»Na schau: Staub von den Decken, von den Matratzen, kleine Putzstückchen, bisschen Wandfarbe. Das sind wir. Wir tragen langsam das Gefängnis ab.«

13. Sesam, öffne dich

Es kam irgendwie unerwartet. Ein Scherz, ein wenig grob, aber im Rahmen, und die Flurwärter flippten aus, fingen an zu brüllen, »Name«, und vielleicht war seine Antwort etwas spitz, »raus!«, und los. Schon war er umgezogen, und »ohne Sachen« ab in den Karzer. Das Wochenende fängt ja gut an. Sie kennen ihn schlecht, wenn sie glauben, ihn mit Karzer bestrafen zu können. Er wird sie bestrafen! Fünf Tage haben sie ihm aufgebrummt? Das werden sie bereuen! Er hatte eine ziemlich kräftige Stimme und ein großes Lungenvolumen. Hätte der Karzer ein Glasfenster gehabt, es wäre wahrscheinlich rausgeflogen. Aber der Karzer hatte eine Wand, eine Wand, eine Wand und eine Wand, in der es nur einen Spalt gab zwecks Luftzufuhr. Mit welcher Kraft er das Lied »Mein Ross« schmetterte – die Zeilen »Ich sitze hoch auf meinem Ross« waren noch in den Nachbargebäuden zu hören.[5] Natürlich befahlen sie ihm, still zu sein. Na und? Wollten sie ihn in den Bunker setzen? Da war er schon! Nach dem dritten Mal »Mein Ross«, als sie ihm eine Matratze brachten und ihm die in die Wand eingelassene Pritsche herunterklappten, wurde er von selbst ruhig.

Der nächste Tag war der längste seines Lebens. Er konnte nur noch flüstern. Zeitvertreib: laufen. Das Inventar bestand aus einem winzigen Stühlchen, für mehr als eine Viertel Pobacke war da kein Platz. Er zog durch seine Ländereien (drei kurze Schritte und zurück; in die Breite war's nur ein Schritt) und betrachtete die Risse im Putz. Er entdeckte verschneite Wälder und eisbedeckte Bergkuppen, winterliche Flüsse mit Schneeverwehungen und vieles mehr. Ein impressionistischer Künstler hatte den Putz angebracht, oder er war planlos mit dem Spachtel aufgetragen worden. Als sie ihm einen Eimer und einen Mopp anboten, machte er sich freudig an die Reinigung seines Palasts, aber damit war er schnell fertig.

Um 21.30 saß er bereits, schaute auf die hochgeklappte Pritsche, wartete auf den Appell und sagte sich in Gedanken immer wieder vor: »Sesam öffne dich«!

14. Da Vinci

Er kam nach dem Abendessen, mit einem Stapel Papier und einer Packung Buntstifte.

»Kannst du zeichnen?«

»Geht so.«

»Hast du mal was gezeichnet?«

»In der dritten Klasse hatte ich so extra Kunstunterricht.«

»Super, malst du mal was für meine Kleine?«

»Na gut, ich kann aber nur einen Elefanten in einer Riesenschlange und ein Schaf.«

(Der »Kleine Prinz« lag im Regal, jemand hatte ihn in der Privatbibliothek der Hütte vergessen.)

»Zeichne mir ein Schaf!«

Er hatte den Scherz offenbar nicht verstanden. Wohl kaum würde er sich mit einer Kiste zufriedengeben, in der alles Mögliche drin sein kann.

»Das war ein Scherz. Das stammt aus dem Buch da …«

»Verstehe …«

Er ging mit seinen Stiften ans andere Ende des Tischs. Offensichtlich hatten alle schon zugegeben, dass sie nicht zeichnen können.

Während die anderen Backgammon spielten, Wäsche wuschen, rauchten, in die Glotze schauten (meist alles gleichzeitig), zauberte er mit seiner Kiste und brachte etwas aufs Papier.

Auf dem Blatt war Trixi zu sehen, die wunderschöne Dame aus *Chip und Chap*.[6] In ihrem eleganten Overall, der alle Vorzüge ihrer Figur betont. Trixi war bunt, wie es sein muss.

»Oha! Extraklasse! Und du hast gesagt, du könntest nicht … wozu hast du dann gefragt?«

»Äh… Na ja … Ich hab's abgepaust.«

Er zeigte seine Vorlage, einen kleinen Aufkleber, nahm seinen Zeichenkrempel und kletterte auf die Palme (das dritte Stockwerk). Erst da bemerkte ich, dass er auf seinem T-Shirt einen kleinen Aufdruck hatte: Da Vinci.

15. Die Frage

Es war eine Übertretung. Er hatte schon gestern auf Risiko gespielt und es heute gar nicht vorgehabt, aber dann gab es dieses ärgerliche, nicht mehr zu korrigierende Missverständnis.

Früher, in schlechten Gegenden, begannen die Probleme mit der Frage: »Hast du 'ne Kippe?« Hier kündigten sich die Probleme mit einer Frage an, die stets mit höhnendem Erstaunen gestellt wurde: »Warum so unrasiert?«

Die Zellenordnung verpflichtet jeden, »rechtzeitig das Gesicht zu rasieren«. Was »rechtzeitig« bedeutet und wo das »Gesicht« endet, wusste keiner genau, aber wenn Probleme mit dem Bewuchs im Gesicht (und übrigens auch am Hals) auftauchten, lautete die offizielle Erklärung immer, »rasieren vor jeder Kontrolle, morgens und abends«. Das war natürlich zu oft. Seine Haut war schon gereizt, wenn er sich einmal am Tag rasierte, und der Bart ließ sich nicht bändigen, er wuchs dann einfach doppelt so schnell. Daher trickste er und rasierte sich jeden zweiten Tag und vor üblen Kontrollen. An den unrasierten Tagen versteckte er sich hinter den rasierten Nachbarn.

Gestern war er bereits vorschriftswidrig unrasiert gewesen, heute weit drüber hinaus. Eigentlich war alles kalkuliert: Bis zur Kontrolle blieben zehn Minuten, er war gerade dabei, sich noch schnell zu rasieren. Doch da öffnete sich plötzlich die Schleuse. Die Kontrolle hatte entschieden, etwas früher zu kommen. In der Reihe aufstellen, und er auch noch ganz vorne, weil er Zellendienst hatte. Innerlich bereitete er sich auf die Frage vor: »Warum so unrasiert?« Da er bereits fünf noch nicht erloschene Einträge hatte, stand ihm nach dieser Frage Karzer bevor. Dort musste man sich nicht rasieren, womit auch?

Die Schleuse schwang auf, er begann den Bericht herunterzurattern, »Bürger Vorgesetzter« usw. Der Traktvorsteher war offensichtlich verblüfft über seinen Anblick: Er trat an ihn heran, betrachtete ihn aus der Nähe, wendete den Kopf, fast als würde er ihn beschnüffeln. Und dann stellte er die Frage: »Brauchst du einen Rasierer?« In freundlichem Ton.

16. Väterchen Frost

Wie Neujahr in der U-Haft abläuft, mussten sie noch rausfinden. Dem Geflunker der Routinierten nach waren Wunder aller Art möglich: dass es erlaubt ist, sich nicht schlafen zu legen, dass die Steckdosen nicht abgestellt werden, dass das Wecken statt um sechs erst um neun stattfindet, oder dass Väterchen Frost mit seiner Enkelin Snegurka zur Abendkontrolle kommt. Daran glaubte aber dann tatsächlich keiner. Egal, bald würden sie es erfahren.

In den schweigsamen Minuten nach dem Essen saß er am Gemeinschaftstisch und schrieb eifrig etwas auf, nickte dazu und lachte gelegentlich. Bis dann auch die Frage kam:

»Was schreibst'n da?«

»Einen Antrag.«

»An wen?«

»An den Leiter der Elfenabteilung.«

»Was für 'ne Abteilung?«

»Die Elfenabteilung zur Vorbereitung von Geschenken, an den Bürger Vorgesetzten Väterchen Frost.«

Jetzt wurden alle aufmerksam. Sie kamen an den Tisch, um mitzudiskutieren. Der Briefkopf des Antrags war fertig. Jetzt kam der Teil mit der Beschreibung und dann der mit der Bitte. Die Männer diktierten: »Wir, die Männer aus Zelle soundso, haben uns gut benommen – zumindest, seit wir in Haft sind.« – Zweifellos! Jetzt blieb noch die Frage, um welches Geschenk man bitten sollte.

»Freiheit natürlich!«

»Aber wir schreiben doch nicht dem echten Väterchen Frost, sondern der Gefängnisverwaltung. Was hat da Freiheit zu suchen?«

»Dann was zum Trinken …«

»Lass uns was Realistisches fordern, am Ende klappt's.«

»Vielleicht Hofgang mit Mädchen?«

»Dann schon eher Wodka.«

»Oder Duschen zu Neujahr?«

»Das könnte durchgehen. Weiter.«

Eine Idee folgte der anderen. Am Ende baten sie Väterchen Frost um einen Besen und eine Bürste für die Kloschüssel.

17. Der Krumen

Mit Eimer und Lappen ausgerüstet, machte er sich an die archäologischen Ausgrabungen. Sie hatten ihn in einen sehr, sehr, sehr dreckigen Karzer gebracht, ihm einen Lappen in die Hand gedrückt und ihn angewiesen, bis zur Kontrolle zu putzen. Er folgte einer einfachen Route – von der Tür zur Stufe – und fühlte sich wie ein Archäologe. Die gute Nachricht: Der Karzer war etwas mehr als einen Meter breit und ungefähr drei Meter lang. Die schlechte: Er war offensichtlich noch nie geputzt worden. Der kurze Betonweg führte zu einem kleinen Podest, zwei Stufen erhöht befand sich dort ein Loch und darüber ein Hahn. Anscheinend ist der korrekte Name dafür »Iwan-Soundso-Bad«, die Normalsterblichen nennen es öffentliche Toilette ohne Schüssel. Nur dass in einer öffentlichen Toilette kein Hahn über der Öffnung ist. Hier aber gab es einen, man konnte sich die Hände waschen, die Zähne putzen, duschen, sich einen Whirlpool und ein Bidet vorstellen. Oder man konnte wie er endlos den Eimer neu füllen. Schmutz aufwischen, bis das Wasser trüb wird, neues Wasser einfüllen, und von vorne.

Als das Wasser nicht mehr schwarz wurde, sondern bei einem zarten Braun blieb, hielt er inne und lehnte sich auf dem hockerförmigen Absatz zurück, der aus der Wand ragte. Sauber! Reinigung beendet! Er sah auf die Uhr und ließ den Blick noch einmal über seine bescheidenen Ländereien schweifen… Genau in der Mitte lag ein großer Brotkrumen. Aber das war absolut unmöglich. Er schloss die Augen, um sich zu beruhigen, er spürte, wie er müde wurde. Als er sie öffnete, sah er, dass der Krumen noch da war, aber nicht ganz an derselben Stelle. Der Wind? Der Krumen bewegte sich nicht. Zum Aufstehen war er zu faul. Er entschied, dass er ihn später beseitigen würde. Als dieses Später kam, war der Krumen verschwunden. Wohin nur – und wie, überlegte er während der gesamten Kontrolle. Dann ging es ihm auf – natürlich. Eine kleine Schnecke, sie kroch friedlich hierhin und dorthin.

Haustiere waren verboten, deshalb beschloss er, dass er einen Freund gefunden hatte: eine Schnecke namens Krümelchen.[7]

18. Der Kannibale

So viel Zeitvertreib hatten sie nicht, dass sie sich nicht ein wenig über Neuzugänge lustig gemacht hätten, vor allem über Frischlinge. Begrüßungsrituale sind schon wichtig. Wer, was, wie… Zuerst er über sich, dann, auf Wunsch, sie ihm. Bei einem Tässchen, das auf jeden Fall nicht mehr Tee war, aber in der Regel noch nicht Tschifir.[8] Ihren Paragraphen nannten alle, außer einem. Der schaute nur finster, nannte seinen Namen, und reichte den Becher weiter. Unwillkürlich denkt man, was der wohl gemacht hat. Fragen wäre aber unhöflich gewesen. Also der Igor. Bis zum Abend sagten sie ihm noch, wie's hier läuft, und danach schaute sich derjenige, der ihm alles erklärt hatte, verstohlen um und sagte leise:

»Nimm dich in Acht vor Igor. Keinen Streit. Abstand halten. Besser nicht hinschauen.«

»Was ist mit ihm?« Ihm war unbehaglich.

»Genau wissen wir es nicht, aber er hat einen sehr schweren Paragraphen. Der eine ist harmlos: Mord. Aber der andere, so was wie Kannibalismus. Er ist ein Menschenfresser.«

Er sagte das so feierlich und düster, dass sich weitere Fragen verboten. Er versuchte, sich zu beruhigen: In der Hütte sind lauter Leute, alle sitzen, also alles in Ordnung. Seine Pritsche war auf der zweiten Etage. Genau gegenüber von Igor. Er drehte sich Richtung Wand und versuchte einzuschlafen. Sein Kopf schäumte über vor neuen Eindrücken. Die Männer begannen zu schnarchen. Da hörte er ein leises Schnalzen. So, wie man ein Pferd antreibt. Er drehte sich um und sah, dass Igor ihn anschaute. Nachts. Der Blick unverwandt auf ihn gerichtet. Und schnalzt dabei leise. »Morgen lass ich mich verlegen«, dachte er und drehte sich hastig um. An Schlaf war nicht zu denken. Am nächsten Morgen erzählte ihm Igor, dass er wegen Diebstahl saß. Aber etwas blieb noch lange hängen. Gelegentlich erinnerte er sich an die Geschichte, ob es passte oder nicht, zum Beispiel, dass Igor, als er gefragt wurde, in welchem Verhältnis er das Gurgelwasser mischt, ohne nachzudenken antwortete: »Ich hab einen Blick dafür.«

19. Der Stoiker

Er sah nicht gut aus und fühlte sich offenbar auch so. Er kam rein, packte aus und legte sich fast augenblicklich hin. Er stöhnte auf der Pritsche. Bekam eine Verwarnung, setzte sich auf und blieb schwankend sitzen.

»Vielleicht 'n Arzt, Opa?«, wurde er gefragt.

»Geht schon«, antwortete er stoisch.

So fing es an. Jeden Tag neue Wehwehchen und neue Leiden. Verschobene Wirbel, ein Geschwür, heftiges Kopfweh, Schmerzen im letzten verbliebenen Zahn. Und das waren nur die großen Sachen! Von Kleinigkeiten wie Erkältungen, Durchfall und Schmerzen in den Seiten gar nicht zu reden.

Er ertrug alle Beschwernisse stoisch und rief niemals nach einem Arzt. Doch die guten Menschen aus seiner Zelle entschieden für ihn: den Doktor holen und alles erzählen. Zweimal wurde er zum Röntgen gebracht, einmal zum Ultraschall, und mehrmals gab es eine Spritze. Sie kämpften um sein Leben! Wenn er von den Behandlungen zurückkam, beantwortete er ihre Fragen:

»Sprich, was haben sie gesagt?«

»Wer braucht mich denn? Ich geh denen sonst wo vorbei!«

Beim Röntgen bekam er die verschobenen Wirbel und eine Kieferhöhlenentzündung bestätigt. Seine Schuppenflechte war ausgedehnt wie der Superkontinent Pangaea. Er beschwerte sich permanent, dass man ihn nicht behandele, ihm keine Salbe gebe, keine Tabletten, ihn nicht zum Duschen lasse. Als er gefragt wurde, wieso er keinen Antrag schreibe, wurde er ärgerlich: »Ich seh doch nichts!« Und als sie für ihn den Antrag geschrieben hatten, knurrte er die Ärzte an und nuschelte etwas zusammen, lange nicht so ausgeschmückt wie für seine Zellengenossen. Der Arzt ging, und die Klagen wurden wieder heftiger. Sie fragten ihn, was das soll, und er antwortete nur: »Wer braucht mich denn? Ich geh denen sonst wo vorbei! Sie werden mich nicht behandeln, das haben sie auch gesagt. Ich werde es aushalten.« Er litt wie ein antiker Stoiker. Wer aufgab und den Arzt rief, war seine Umgebung. Als er verlegt wurde, fanden sie unter seiner Pritsche ein kleines Medikamentenlager. Der Stoiker brauchte keine Mittel: seine Überzeugungen waren ihm wichtiger!

20. Der Schnabel

Dieses Ding in der Tür war toller als das mythische »Fenster nach Europa«. Es war ein Fenster nach Europa, nach Amerika, nach Asien und nach Afrika. Ein Fenster zur ganzen Welt jenseits der Hütte. Es trug den zärtlichen Namen »der Schnabel«.

Durch den Schnabel wurde das Essen geschoben und der Teller zurückgenommen, die Handschellen angelegt und abgenommen, durch ihn wurden die Bestückung und die Pakete gereicht, Formulare unterschrieben, Briefe entgegengenommen und abgegeben, und natürlich gesprochen und geguckt.

Ein feines Ohr konnte leicht unterscheiden, ob gleich die »Schleuse«, das »Auge« oder der »Schnabel« geöffnet wird. Sobald der Schnabel aufging, musste schon jemand zwecks Interaktion danebenstehen: annehmen, zeigen, sprechen.

Die Kommunikation durch den Schnabel konnte anfangs etwas ungewöhnlich erscheinen. Um in den Schnabel zu schauen, muss man in die Hocke gehen oder sein Gesicht auf andere Weise unter Hüfthöhe bringen. Dann konnte man sprechen – von unten nach oben, in seltenen Fällen beugte sich auch mal der Bürger Vorgesetzte nach unten.

Er war schon zwei Wochen in der Hütte, aber zum

Schnabel ging er nur, wenn er Zellendienst hatte. Keine Pakete, keine Bestückung, kein Anwalt, keine Prozessaktivitäten. Dafür war er sehr mitteilsam und kannte einen Haufen Gefängnisgeschichten, darunter auch welche über den Schnabel und warum die Wärter sich von ihm möglichst fernhalten.

»Aha, der Schnabel geht auf!«, sagte er, als gerade erst ein Rascheln zu hören war. »Mal sehen, für wen.«

Aber eine bekannte Lebensweisheit lautet: »Frag nicht, für wen der Schnabel sich öffnet, er öffnet sich für dich.« Eines Tages wurde er einfach so durch den Schnabel rausgerufen, »mit Sachen«, und so begannen sie zu ahnen, warum er einige Zeit bei ihnen gewesen war.

21. Lenin

Das Nachtritual war im Karzer ein ganz besonderes. Zunächst musste man auf die Abendkontrolle warten (von 6 Uhr morgens bis 20 Uhr abends, unterbrochen nur durch Morgenkontrolle um 8 Uhr). Dann konnte man zwei, genauer anderthalb Stunden auf die Abendtoilette warten. Um halb zehn konnte man sie dann erledigen und selbstvergessen alle übriggebliebenen Zähne putzen. Mit der Abendtoilette gab es ein heikles Problem: Eine Wand des Karzers bestand zur Hälfte aus durchsichtigem Plexiglas. Und genau gegenüber lag, zwei Stufen erhöht, das, was im Gefängnis sehr viele Namen hat und wohin man möglichst nicht will, und wenn, dann ohne Beobachtung. Die Bauweise des Karzers beförderte in keiner Weise das Gefühl, keine Beobachter zu haben, eher hatte man den Eindruck, man stehe auf einer Bühne. Da der Karzer im Frauentrakt lag und alle Aufseherinnen weiblich waren, konnte man auf dankbare Zuschauer hoffen. Bescheidene Menschen nutzten die Gelegenheit zum Posieren nicht und erledigten die Sache so, als absolvierten sie ein Sportprogramm. Wer seine Abendhygiene abgeschlossen hatte, konnte warten, bis die Tür geöffnet wurde und es hieß: »Abmarsch«.

Als er das ersehnte Wort vernommen hatte, schritt er

beschwingt um die Ecke, um im Flur seine Matratze zu holen. Jetzt war es fast geschafft, als sie ihn in den Karzer führten, war die Pritsche schon aus der Wand gelassen. Weiter war's ganz einfach: Mit einer Hand hält man die Matratze, mit der anderen hebt man die Pritsche an und wirft die Matratze drauf, hält dann die Pritsche mit der freigewordenen Hand fest und schlüpft darunter, um das eiserne Dreieck aus der Wand zu holen, mit dem sie befestigt wird. Am Anfang kommt es einem schwierig vor, aber ab dem dritten Tag klappt es prima. Anschließend: hinlegen. Oh – hinlegen! Er schlüpfte unter die Decke. Auf idiotische Rituale wie Ausziehen verschwendete er keinen Gedanken – in der ersten Nacht wäre er fast erfroren. Einfach hinlegen, sich ausstrecken, Augen zu und sich nicht rühren. In dem länglichen Sarg des Karzers lag er hinter Glas unter der nie erlöschenden Lampe mit auf der Brust gefalteten Händen (so war es wärmer) und sah aus wie Lenin. »Ich bin Lenin«, dachte er und schlief ein.

Kurz danach bohrte sich das Klirren einer Tür in seinen Schlaf. Eine Neue wurde in die Zelle gegenüber geführt. Er öffnete die Augen und verstand, dass sie ihn anstarrte. Durch die Plexiglasscheibe hörte er: »Ey, da ist ein Typ. Soll ich hierhin???« Der Wärter erklärte, dass der Typ bestimmt nichts dagegen hat. Er sagte nichts. Er war Lenin.

22. Ein kulinarischer Snob

Angeblich kann man in exotischen Ländern und an Orten, an denen Tiere gehalten werden, nur dann verhungern, wenn man übertrieben wählerisch ist. Er aber hätte es vielleicht schaffen können. Schließlich war er ein kulinarischer Snob und bestimmte mit seinen snobistischen Regeln schnell den Speiseplan des Kollektivs.

Bevor er aufgetaucht war, hatten alle ihr liederliches gastronomisches Leben geführt. Schreckliche Vorstellung: Sie hatten alles gegessen, was kam, in den unterschiedlichsten Kombinationen, wahllos. So ging das natürlich nicht.

Er hatte eine kulinarische Erziehung genossen und kannte sich aus mit Essen. Wenn er Salat zubereitete, wollte man ihm bei der Arbeit zuschauen. Und natürlich Vorschläge machen:

»Vielleicht geben wir noch ein wenig Speck dazu?«

»Ernsthaft? Speck? In den Salat? Wo hast du denn so was gesehen?«

»Also … einmal haben wir das hier so gegessen …«

»Erzähl das bloß niemandem. Das geht gar nicht.«

Das Thema Speck in den Salat war erledigt. Ungefähr das Gleiche passierte mit allen anderen vernünftigen Vorschlägen. Ketchup in die Suppe, Mayonnaise aufs Brot, alle Süßigkeiten, die sich in der Hütte fanden, zu einer Torte zusammenpampen. Es half nicht mal die Geschichte vom Irish Stew, den die drei Mann in einem Boot gegessen hatten.[9] Sie haben es gegessen! Einmal wurde der Tag durch eine Diskussion über eine süß-saure Sauce verdorben – kann es so etwas überhaupt geben oder ist das die Verkörperung des Bösen? Und der Konflikt um den Chatschapuri?[10] Es war sinnlos und sehr langweilig, mit ihm über kulinarische Themen zu streiten. Das Ergebnis stand aufgrund seiner unanfechtbaren gastronomischen Autorität bereits fest. Walnüsse in den Grießbrei wurden streng verurteilt. Sie übertönen doch den ganzen Geschmack! Wenn jemand etwas nicht in eleganten Stückchen, sondern in Brocken aß, fühlte er sich attackiert. Und allmählich steckte er alle an – eine ganze Hütte voller Snobs. Alle lernten dazu. Nur ein einziges Mal »lernte« er. Er wusste nicht, dass Käse besser als Beilage zur Obstsuppe schmeckt als aufs Brot. Aber Ausnahmen bestätigen die Regel.

Der Absturz kam, als er zur Verhandlung geholt wurde. Sie gaben sich gastronomischer Unzucht hin. Sie dachten, er würde erst zum Abendessen zurückgebracht, aber die Verhandlung wurde vertagt, und er kam schon zur Mittagszeit zurück. Und sah die Suppe mit all den Leckereien: Mayonnaise, Speck, Ketchup. Er stand da und betrachtete es. Aber er sagte nichts. Er setzte sich einfach hin und aß. Sinnlos!

23. TH

Die Schaufel, wie die kleinen Aluminiumbecher in den Haftanstalten genannt werden, ist unverzichtbarer Bestandteil der persönlichen Ausrüstung jedes Häftlings. Jeder hat eine Schaufel, er muss sie lieben, pflegen und mit Soda waschen. Jeder kennt tausendundeine Möglichkeit, wozu man die Schaufel verwenden kann: Bei Bedarf kriecht etwas aus dem Unterbewusstsein hervor und flüstert dir zu, was zu tun ist. Zum Beispiel kann man mit zwei Schaufeln Schokolade für eine Neujahrstorte schmelzen. Und schon eine Schaufel reicht, um jemandem eins überzubraten, an dem man sich die Hände nicht schmutzig machen darf. Ein universaler Gegenstand, die Schaufel. Früher hatten alle unterschiedliche Schaufeln. Man erhielt sie über Beziehungen und vererbte sie weiter. Aber vor kurzem gab es eine Schaufelreform, jetzt sehen alle Schaufeln gleich aus, vollkommen gesichtslos. Die neuen Schaufeln ähneln großen Aluminiumfingerhüten. Wer die grundlegenden physikalischen Eigenschaften dieses Metalls kennt, der weiß, dass es sehr wärmeleitend ist. Er versteht, wie viel Freude Schaufeln mit heißem Wasser ihren Besitzern machen und warum sie zärtlich auch »Gestapowkas« genannt werden. Getrunken wird aus den Schaufeln auf unterschiedliche Weise. Manche fertigen aus den Ärmeln eines Pullovers eine Hülle, andere umwickeln sie mit einem Strumpf, wieder andere nähen ihr ein gepunktetes Kleid, und einige setzen auf evolutionäre Anpassung; sie entwickeln an den Fingern eine größere Hitzebeständigkeit, nicht ohne Erfolg. Eines Tages sorgte jedoch ein Neuling für eine Überraschung. Er beobachtete, wie die Schaufeln zärtlich mit Handtüchern umarmt und mit Papierservietten umhüllt wurden, und fragte: »Wozu so kompliziert? Ich trinke mit einem TH!« Niemand schien zu wissen, was ein TH ist, daher schauten alle interessiert auf. Er ging zu seiner Tasche, holte etwas heraus und nahm eine Schaufel mit kochendem Wasser in die Hand. »Seht her!«

Seine linke Hand war hellblau und aus Wolle.

»TH, Trink-Handschuh«, erklärte er herablassend den Zuschauern.

24. Um ein Haar

»...! Schon wieder! ...! Also Männer, wir müssen ernsthaft reden! Schon wieder ... genau das Gleiche! Wer hat seine Haare im Becken hinterlassen?«

Die Hütte heulte auf. Die Männer verzogen das Gesicht. Alle waren unzufrieden.

»Wer das Haar hinterlassen hat, der steht auf und sorgt für Sauberkeit!«

Niemand meldete sich.

»Wer war sich waschen?«

Alle.

»Wer war der Letzte?«

»Wahrscheinlich ich.« Doch ihn konnte man schwer der Haarsabotage verdächtigen, sein Schädel glänzte. Da war er nicht der Einzige, seine Frisur war angesagt.

»Wir haben in der Hütte nur drei mit mehr oder weniger langen Haaren!«, fuhr ein anderer Ultrakurzrasierter auf.

»Sekunde!« Der Diensthabende verschwand hinter dem Vorhang der Sanitärstelle. Die Stille war zum Schneiden, er war immer noch dabei, etwas zu überprüfen. Nach einer halben Minute war Wasser zu hören. Der Diensthabende hatte seine Sache erledigt. Und kam zurück.

»Da hier niemand nach dem Benutzen saubermacht,

hab ich das erledigt. Ist nicht schwierig. Aber widerlich. Was ist das für eine Sauerei, nicht saubermachen. Das Haar war übrigens nicht lang, so zwei Zentimeter. Kann also jeder gewesen sein. Muss geklärt werden!«

»Unbedingt! Es kann jeder gewesen sein. Und wenn er nicht saubergemacht hat und es nicht zugibt, dann ist er ein Schwein. Kein Zufall!«

»Vielleicht doch Zufall? Vielleicht hat er's nicht gemerkt?«, warf nervös einer der Behaarten ein.

»Klar, wir haben hier ja 'ne richtige Therme! Da kann man das schon mal übersehen. Bei der ganzen Ausstattung. Ein komplettes Waschbecken!«

Sogar jene, die das Wort Therme noch nie gehört hatten, verstanden den Sarkasmus. Trotzdem meldete sich keiner.

»Also. Wenn das noch mal vorkommt, geht's übel aus für den, der nicht auf sich achtgibt und den anderen das Leben schwer macht. Es wird übel ausgehen. Ich habe euch gewarnt.«

Das Thema Haar (scheinbar ein rötliches, aber so genau war das nicht zu sagen, es hatte ja keiner untersucht) kam noch ein paarmal auf, mit immer dem gleichen Ergebnis. Dann geriet der Ausnahmezustand in Vergessenheit. Aber jeder kontrollierte jetzt nach einem Gang zur Sanitärstelle genauestens das Waschbecken. Vermutlich.

25. Humanitäre

In vernünftigen Hütten wurde ein Vorrat an allen möglichen Dingen bereitgehalten. Für jene, die gar nichts haben. Meistens wurden ohne jegliche Ausstattung kleine 205 er reingebracht, die aus einer Laune heraus irgendeinen unbedeutenden Kram gestohlen hatten.[11] Die hatten nur die Kleider am Leib und im besten Fall ein Päckchen Zigaretten, das ihnen unterwegs ein herzensguter Mensch zugesteckt hatte. Aber sie mussten auch gewaschen, rasiert und jahreszeitgemäß angezogen werden. Genau für solche Fälle wurden Sachen aus der Reserve ausgegeben. Einfach so. Alte Stiefel aus stocksteifem Leder, zerrissene Hosen, Pullover ohne Ärmel, weil diese für etwas anderes verwendet worden waren – alles wurde gesammelt und sorgsam aufbewahrt.

Der Mann, der an diesem Tag hereingeführt wurde, würde ganz sicher keine dieser Vorratsklamotten in Anspruch nehmen. An seinen hin- und herfliegenden Augen sah man sofort, dass er noch nicht lange hier war. Und er schleppte zwei nagelneue Taschen mit sich. Offensichtlich wurde er warmgehalten und hatte weder Bedarf an Klamotten noch an Essen. Aber er war ein Neuer, und in der Hütte gab es Traditionen. Deshalb wurde er angewiesen:

»Papier und Stift? Setz dich und schreib einen Antrag auf Humanitäre. Los, schreib!«

»Aber ich brauch nichts!«

»Denk an andere Menschen! Es ist vorgesehen, also sollen sie liefern!«

»Vielleicht bitte ich dann, wenn ich etwas brauche?«

»Setz dich und schreib! ›Aufgrund des Fehlens von Mitteln zwecks ...‹«

»Hier ist eine Vorlage, schreib das ab!«

Der Antrag auf humanitäre Hilfe wurde geschrieben und flatterte am Abend durch den Schnabel.

Das Warten zog sich hin.

»Wann kommt sie denn? Morgen vielleicht?« Er wurde ausgelacht. Von 6 Uhr morgens bis 10 Uhr abends flogen die Tage vorbei und zogen sich hin. Leute kamen und Leute gingen, er gewöhnte sich daran und stumpfte etwas ab. Doch er wartete weiter auf die Humanitäre. Aus Prinzip. Im Hinterkopf war es noch da: Sie steht ihm zu, und sie haben sie ihm noch nicht gebracht. Eines Tages aber schoben sie der Reihe nach fünf Klingen, ein halbes Stück Seife und eine abgewickelte Rolle Klopapier durch den Schnabel. Sie war da! Er unterschrieb den Erhalt für sich und die drei Kollegen, die sie nicht mehr erreichte, weil sie bereits ins Lager abgereist waren. Er erkundigte sich bei dem Bediensteten, für wie lange die Klingen und das andere vorgesehen sind. Die Antwort:

»Bis zum Ende der Frist.«

26. Ein wichtiger K

Er wirkte ständig ein wenig zerzaust und zappelig, mischte sich in Gespräche ein und gab unaufgefordert Kommentare ab. Solche Figuren machen Fernsehkomödien lebendiger, aber im echten Leben möchte man mit ihnen nichts zu tun haben. Immerzu erzählte er, was er schon alles erlebt hatte und wen er alles kennt und dass, wenn es ein Problem gibt, er selbstverständlich für die Lösung sorgen kann.

Er steckte seinen kleinen Kopf in den Schnabel und sprach mit den Wärtern. Mal bat er um etwas, mal beschwerte er sich. Dann baten sie ihn, sich vom Schnabel fernzuhalten. Die Bitte war eindeutig formuliert, seine Lust verschwand sofort.

Wenn Briefe gebracht wurden, stürzte er als Erster zum Hüttentisch und schaute sie hastig durch, dann noch einmal langsamer, und dabei murmelte er immerzu, dass ihm ein Haufen Leute schreiben müssten. Warum kommen dann keine Briefe? Er war der Meinung, dass der Zensor sie noch zurückhält oder gar nicht durchlässt. Selbst schrieb er keine Briefe. Er erklärte, dass er ohne Freigabe die Adressen seiner wichtigen Bekannten nicht offenlegen könne, sie müssten ihm erst selbst schreiben.

Allmählich wurde er nicht mehr ernst genommen.

Doch dann erklärte er, er würde wichtigen Leuten hier einen Kassiber schicken, und die bestätigen dann, wer er ist und was er ist und dass man ihm vertrauen kann. Eines Abends schrieb er lange etwas auf einen Zettel, faltete ihn zusammen, verpackte ihn in Folie und heftete den Kassiber sogar selbst an das Ross.[12] Er bat darum, ihn rasch abzuschicken, spät am Abend vor dem Schlafenlegen. Klar, machten sie.

Den ganzen nächsten Tag lief er von Arbeitsbeginn an ewige Wege, einen Schritt hin, einen zurück, und erklärte dabei, er erwarte heute einen wichtigen K-Kassiber. Und der wichtige K kam – versiegelt! Er schnappte ihn sich und lief zu seiner Pritsche. Seltsam war, dass er später niemandem etwas sagte. Am Abend verschickte er wieder einen Kassiber und erhielt am nächsten Tag Antwort. Er war glücklich, bis die Nachbarn sich über den lauten Kanal meldeten und baten:

»Jungs. Auf diesen Namen nichts mehr schicken. Den gibt's hier nicht. Zwei Mal haben wir schon einen K zurückgehen lassen.«

27. Gesellschaft

Gleich zur Begrüßung bekam er eins drauf. Na ja, nicht richtig, nur einen kleinen Schubser. Er war hier schon lange unterwegs. Die Waladarka hatte er gesehen, und Schodsina und Nawinki.[13] Als er zum zweiten Mal in die Waladarka kam, war schon klar, mit wem man es zu tun hat. Und natürlich gab es Hinweise und Warnungen: den besser meiden. Das taten sie. Gleich nachdem er reingekommen war, drängte er sich mit seiner schmutzigen Tüte an den Tisch in der Mitte der Hütte und bot Tee an. Doch er wurde weggeschoben, und man erklärte ihm, dass er still für sich leben könne, dann gebe es keinen Ärger. Aber er war ja wohl nicht umsonst aus Nawinki gekommen und tat so oder verstand vielleicht auch wirklich nicht, dass er nicht willkommen war: Er drängelte weiter mit seinem Tee und sagte: »Ich will in Gesellschaft, ich will in Gesellschaft ...« Irgendetwas in dieser Art, genau kann man es nicht wiedergeben, schließlich war er keiner von hier. Außerdem fehlten ihm Zähne. Und, wie es schien, Tassen im Schrank.

An den Gemeinschaftsaufgaben wollte er sich nicht beteiligen. Putzen zum Beispiel. Stattdessen machte er Probleme: Er weigerte sich, die Hütte zu verlassen, klopfte an die Schleuse, krallte sich mit idiotischen

Forderungen an die Wärter, ließ die Kontrolle nicht rein. Und für das alles bekam natürlich die gesamte Zelle eins drauf. Das Leben wurde ungemütlich. »Was ist, könnt ihr den nicht ruhigstellen?« Eine klare Botschaft. Jetzt bekam er schon etwas mehr ab: Er wurde nach bestem Gewissen ruhiggestellt. Nun kamen auch Füße zum Einsatz. Aber er gab keine Ruhe, schlug sogar unschön Lärm, sodass sie mit Verstärkung kamen und sogar Ärzte mitbrachten. »Schon wieder gestürzt? Kommt vor…« Die Zelle bat, dass er in die Sanitätsabteilung mitgenommen wird. Vergeblich. Er war das Kreuz der Hütte. Eine pädagogische Aufgabe mit Sternchen zur eigenständigen Bearbeitung.

Es wurde nicht besser. Er stahl Essen und kam damit an den Tisch. »Für die Gesellschaft«. Er tat beharrlich so, als verstünde er das alles nicht, obwohl es ihm schon lange klar war.

Dann wurde die Aufgabe noch ein bisschen schwerer gemacht. Er erhielt seine Anklageschrift. Sie nahmen sie ihm ab, und so kam heraus, dass er seine schwangere Frau zusammengeschlagen und ihr Drogen gespritzt hatte. Jetzt hämmerte er richtig gegen die Schleuse. Doch die auf der anderen Seite wussten, dass kein Platz auf der Welt so sicher für ihn war wie dieser.

28. Pilze

Das Ding fiel jedem ins Auge, der in die Zelle kam. Groß und schwarz und feucht, mit weißen Punkten. Es schien, als bewege es sich dort hinten in der oberen linken Ecke. Natürlich bewegte es sich nicht. Die Luft war einfach feucht wie in den Subtropen, zugleich zog es kalt, und an den Wänden setzten sich Tropfen ab. Vielleicht hatte man deswegen alle möglichen Erscheinungen? In Wahrheit war es nur ein gewöhnlicher Pilz, nur eben ein sehr schwarzer und sehr großer. Er war vermutlich schon immer dort und wurde als Erbstück weitergegeben, wenn die Belegschaften der U-Häftlinge von Zeit zu Zeit wechselten.

Stephen King hätte über diesen Pilz wohl einen horrenden Horrorroman geschrieben. Die Insassen stellten sich hingegen einfach vor, was passieren kann, wenn man in einem geschlossenen Raum ohne Durchlüftung tagein, tagaus Sporen dieses Pilzes einatmet. Wenn sie nicht rasch wieder verlegt wurden, begannen sie, den Pilz zu bekämpfen. Doch dieser ging stets als Sieger vom Feld. Sie schrieben Beschwerden und füllten Anträge aus, aber der Pilz schaute nur verächtlich auf ihre Anstrengungen herab und wuchs weiter. Einmal wurde er sogar mit etwas bespritzt, aber das half nur gegen die weißen Punkte und nur für kurze Zeit. Sie scherzten, dass es wohl Dünger war.

Ein Bewohner der Pilzzelle musste einmal in den »Bunker«, d. h. den Karzer, der sich im angrenzenden Trakt befand, direkt hinter der Wand. Er entdeckte das Geheimnis der erstaunlichen Langlebigkeit des Pilzes: Auf der anderen Seite der Wand lief an genau dieser Stelle die ewig rauschende Wasserleitung des Trakts vorbei. Dort rauschte es nicht nur, es gluckerte auch, und zwar eindeutig außerhalb des Rohrs. Jetzt kannten sie den Grund. Besser wurde es dadurch nicht. Manchmal vergaßen sie sich und erwähnten den Pilz, wenn es bei der Kontrolle hieß: »Noch Fragen?« Darauf war zwar nur eine Antwort vorgesehen. Doch sie sagten: »Wir haben da einen Pilz!« – »Einen Pilz? Das ist jetzt also ein Antrag auf einen Korb, oder wie? Ihr wollt Pilze sammeln? Schluss mit dem Blödsinn.«

29. Der Lufterfrischer

Robinson Crusoe hat auf seiner unbewohnten Insel zahlreiche nützliche Dinge gesammelt und hergestellt. Die Kolonisten der geheimnisvollen Insel sowieso.[14] Sie wurden nicht gefilzt, und ihnen wurden keine »verbotenen« Dinge abgenommen. Dafür kam man hier viel leichter an bestimmte Dinge als auf einer einsamen Insel. Sogar Fütterung gab es regelmäßig, dreimal am Tag. Doch manche Sachen bekam man nicht, und die fehlten einfach. Zum Beispiel war es nicht erlaubt, sich Deodorant schicken zu lassen. Man konnte es zwar in der Bestückung kaufen. Ein die Luft erfrischendes Deodorant aber gab es dort nicht. Leider! Um das Wesen einer Sache zu verstehen, muss man auf die Kleinigkeiten achten. Aus ihnen setzt sich das Gesamtbild zusammen.

Stellen Sie sich vor, Sie sind mit einem Dutzend Unbekannter zusammengepfercht, und jeder hat seine Gewohnheiten. Klingt nicht besonders schlimm. Aber vierundzwanzig Stunden, sieben Tage die Woche. Die Gewohnheiten nehmen jeden verfügbaren Quadratmeter ein. Üblich sind achtzehn für neun, und von den achtzehn Quadratmetern geht ein Drittel für die »technischen Anlagen« drauf. Der Rest für den Tisch und die Pritschen. In der Zelle ist deshalb alles Kollektivgut: Geräusche wie Gerüche.

Ein Lufterfrischer wäre daher hochwillkommen, aber was es nicht gibt, das gibt es nicht.

Genauer gesagt: Gab es nicht – bis ein Neuzugang kam und allen die Augen öffnete. Wie sich herausstellte, hatten sie die ganze Zeit hunderte Meter Deodorant gehabt! Mehr noch! Wenn man das Geheimnis kennt, kriegt man Deodorant sogar über die Humanitäre.

Es war ganz simpel. Toilettenpapier zweimal über den Ellenbogen abwickeln und dann zu einer festen Schnur verdrehen. Immer fester, bis sie zum Zopf wird. Jetzt kann man sie verwenden. Am Anfang der Séance mit dem Titel »Vertreibung unangenehmer Gerüche« wird die Schnur angezündet, am Ende werden die Flammen erstickt, sodass sie nur noch glimmt. Wer sich Sorgen um seine Finger macht, hält sie vorher unter Wasser. Im Kopf kann man sich dazu »Smoke on the Water« vorspielen.

30. Keine Hände

Eins kam zum anderen. Eine absurde Verkettung von Umständen, die meist zu den unglaublichsten Geschichten führt. Manchmal zu wunderbaren und manchmal eher nicht.

Die anderen wurden auf den Hof geführt und er zum Röntgen. Sie wurden später zurückgebracht als üblich, so war er früher als sie wieder in der Zelle. Während er noch allein in der Hütte saß, wurde ein Paket gebracht. Und in diesem Paket fehlte die Schachtel mit den Pralinen, obwohl sie auf der Liste stand. Eine absurde Verkettung. Natürlich hätte man das in Ruhe aufklären können, sie waren ja schon dabei, er hatte sogar gesagt: »Überprüft meine Tasche!« Doch da setzte sich die Kette der unglücklichen Zufälle fort: Er wurde abgeholt, offenbar eine Verlegung. Einfach so: Sie kamen und nahmen ihn mit. Und seine Sachen waren schon gepackt. Hier war Schluss mit der Kette, aber nicht mit den Fragen.

»Vielleicht gab es gar keine Pralinen, sie haben einfach vergessen sie reinzulegen?«

»Vielleicht. Möglich.«

Der Schnabel ging auf, und herein kam die Aufforderung, sie sollten besser suchen. Man habe die Verwandten angerufen, und die hätten erklärt, dass sie Pralinen reingelegt haben. Sogar beschrieben hätten sie sie.

Der Küchendienst hatte sie definitiv nicht rausgenommen. Der Schnabel fragte: »Noch Fragen oder Beschwerden?« Natürlich nicht, was für eine Frage.

»Also doch der? Einfach eingesackt?«

»Warum hat er dann angeboten, dass seine Tasche durchsucht wird?«

»Genau deswegen! Er hatte sie unter die Jacke gestopft oder schon im Bauch.«

»Wenn er sich 400 Gramm Pralinen reingestopft hätte, wäre es schlecht für ihn ausgegangen.«

»Sie werden ihn teuer zu stehen kommen, diese Pralinen. Sehr, sehr teuer. Solange er sitzt, wird er sich daran erinnern.«

»Das heißt?«

»Es gibt viele Möglichkeiten … Zum Beispiel, wenn Löffel für alle ausgegeben werden, dann bekommt er keinen.«

»Wie, er bekommt keinen Löffel?«

»Er ist eine Ratte! Wozu braucht eine Ratte einen Löffel? Eine Ratte hat keine Hände, sie kann also keinen Löffel halten. Na und, ab jetzt wird er mit den Pfoten essen.«

31. Der Idiot

Er wurde über endlose Flure geführt und dann in eine Schreibstube gebracht, wo man ihn auf einen Stuhl setzte. Er wartete. Jetzt etwas essen. Bedrückt stellte er fest, dass er erst seit drei Stunden im Streik war und bereits Hunger hatte. Die ersten beiden Stunden waren hervorragend verlaufen, aber jetzt würde er doch gerne etwas essen. Er spielte im Kopf noch einmal alle Varianten durch. Er hatte keine Alternative. Nach einer halben Stunde betrat jemand den Raum. Kürzer ließen sie einen nie schmoren.

»Du hast schriftlich einen Hungerstreik erklärt?« Auf seinen Schulterklappen waren Sterne.

»Habe ich.«

»Wozu?«

»Steht alles da.«

»Dir ist klar, dass das keine Forderungen an die Gefängnisverwaltung sind?«

»Sicher.«

»Warum schreibst du dann einen Antrag?«

»Um meinen Hungerstreik zu verkünden.«

»Dir ist schon klar, dass deine Forderungen nicht erfüllt werden?«

Er musste sich sehr zusammennehmen, um nicht zu antworten: »Sicher«.

»Und wozu dann?«, unterbrach der mit den Sternen endlich die Stille. Das Wort wurde nicht ausgesprochen, aber die vollständige Frage lag in der Luft: »Und warum bist du dann so ein Idiot?«

Wieder beklemmende Stille. Aus dem Dialog wurde ein Monolog, und dann wurde es plötzlich offiziell.

»Ich muss Sie darauf aufmerksam machen, dass wir Ihren Gesundheitszustand kontrollieren werden. Bei der geringsten Gefahr für Ihren Organismus werden wir je nach Einschätzung gezwungen sein, die Zwangsernährung einzuleiten. Verstehen Sie, was das bedeutet?«

»Ja, natürlich.«

»Nein, das verstehen Sie nicht. Die Zwangsernährung hat rektal zu erfolgen. Ausschließlich rektal. Und alle werden über diesen Vorgang informiert. Alle. Wir werden Sie nicht sterben lassen. Aber wie du danach hier weiterleben wirst, das weiß ich nicht, jedenfalls kann ich es nicht empfehlen.«

Die vierte Stunde des Hungerstreiks lief. Er wollte so gerne essen.

32. Der Egoist

Die Schleuse schloss sich. Leicht schwankend stand er da. Essen wollte er schon lange nicht mehr, ungefähr seit dem dritten Tag, aber wenn man lange nichts isst, schwinden die Kräfte und der Kopf beginnt sich zu drehen.

Auch wenn sie ihn nicht besonders ausfragten – neugierig waren sie schon: Es gab sofort Pseudo-Tschifir, einfach nur starken Tee, als hätten sie auf ihn gewartet. Nach dem Tee boten sie ihm eine Erklärung an, wie es hier läuft. Solche Angebote schlägt man natürlich nicht aus. Er setzte sich mit zwei Alteingesessenen in ein Eck, wo sie niemand störte. Dann ging es los. Nicht sofort, aber nach einigen harmlosen Fragen ging es zur Sache.

»Hör mal, warum hast du eben die Praline zum Tschifir abgelehnt? Bist du auf Diät, oder was?«

»Hungerstreik, achter Tag.«

»Wie, du isst gar nichts? Auch deine eigenen Sachen nicht?«

»Absolut nichts.«

»Unter uns: Willst du vielleicht doch was essen? Püree?«

»Nein, alles gut. Ich bleibe dabei.«

Das Gespräch waberte wie Zigarettenrauch, es drehte sich im Kreis, mal teilnahmsvolle Sorge, dann wieder echte Besorgtheit – nicht um ihn natürlich, sondern um die anderen.

»Hör mal, glaubst du denn, dass sie dich rauslassen?«

Mit »ja« zu antworten, wäre ein Eingeständnis, dass er nicht im Vollbesitz seiner geistigen Kräfte ist. Bei »nein« erst recht.

»Nein, wohl kaum. Aber ich kann nicht anders.«

»Und dir ist klar, welche schlimmen Dinge deswegen passieren können? Dir ist klar, wie das hier läuft? Oder denkst du nur an dich?«

Das Gespräch waberte weiter, es zog sich fünf quälende Stunden hin. Ihm wurde schlecht, er konnte keinen klaren Gedanken mehr fassen, seit acht Tagen hatte sein Gehirn nichts erhalten, aber er musste immer wieder »nein« sagen und zu erklären versuchen, dass er kein Egoist war und es gerade nicht für sich selbst machte. Und sie versuchten, ihm zu erklären, dass es die Welt, in der er früher gelebt hatte, nicht mehr gibt, dass das hier eine andere Welt ist, und in der gilt: einer für alle. Andernfalls: alle auf einen. Und dass man hier kein Egoist sein darf. Dass hier wegen einem Einzigen alle zu leiden haben. Wie – das erklärten sie auch. Und wieder und immer wieder. Am nächsten Abend begann er den Ausstieg aus dem Hungerstreik.

33. Dort regnet es

Was antwortet ein Inhaftierter, wenn er gefragt wird, ob er die Wände seiner Zelle verlassen will? Bei schlechtem Wetter lautete die Antwort meistens: »Wir waren schon auf dem Hof.«

So waren die Regeln. Eigentlich war Hofgang Pflicht für beide Seiten. Und das auch noch für zwei Stunden am Tag. Daher durfte offiziell nicht gefragt werden, ob die Zelle auf den Hof will, und die Zelle durfte nicht ablehnen. Aber wenn der Hofgang ausgerufen wurde, und als Antwort kam »Wir waren schon«, dann stellte niemand dumme Fragen, zum Beispiel, wie das denn möglich gewesen sein soll. Dann war einfach klar, diese Hütte geht heute nicht.

Wenn eine Hütte darüber entscheidet, ob sie auf den Hof geht, dann ähnelt sie dem Sejm der Rzeczpospolita, einschließlich Liberum Veto.[15] Da entweder alle auf den Hof gingen oder keiner, mussten Kompromisse gemacht werden. Gründe, »zu Hause« zu bleiben, gab es viele: Krankheit, sogar ohne Attest, keine Kleider, keine Schuhe… Oder es läuft gerade ein interessanter Film, oder der Anwalt könnte kommen, oder man wollte einfach nicht vom Regen in die Traufe: von der winzigen Zelle in den noch kleineren, mit einem Gitter überdachten Hof. Doch an diesem Morgen setzte sich die Variante »Hof« durch, obwohl es Sonntag war, und am Sonntag war Hofgang nicht üblich.

Nachdem sie »ja« gerufen hatten, öffnete sich der Schnabel und herein schallte die ärgerliche Frage:

»Habt ihr gesehen, was für Wetter ist?«

Natürlich hätten sie gerne ausführlich dargelegt, dass man im Keller ja wohl kaum etwas mitkriegt vom Wetter, wenn das einzige Fenster unter der Decke ist und die Decke unter Bodenniveau liegt und das Fenster dicke Stahlwimpern hat. Aber sie antworteten nur:

»Nein.«

»Es regnet. Zum Hofgang?«

»Jawohl!« Sie wollten keinen Rückzieher machen. Sie hatten vierzig Minuten darüber diskutiert. Was ist schon Regen im Vergleich zu einer diplomatischen Krise.

Der Schnabel schnappte zu. Sie machten sich ans Anziehen und hielten sich mit Stiefeln, Mützen und Jacken an der Schleuse bereit. Nach dem Öffnen war Trödeln nicht erlaubt.

Der Schnabel ging wieder auf, und von dort kam eine deutliche Stimme:

»Es hat die ganze Nacht geregnet, und jetzt schüttet es.«

Sie waren vielleicht schwer von Begriff, aber beim zweiten Mal kapierten sie es, und obwohl das Rauschen des Regens hinter den Wimpern nicht zu hören war, sagte einer laut:

»Danke, Bürger Vorgesetzter, wir waren schon auf dem Hof.«

Seufzend und fluchend begann die Zelle, sich wieder auszuziehen.

34. Der spinnerte Sprinter

Es dauerte nur wenige Tage, bis er allen seine Gespräche über das Laufen aufgedrängt hatte. Dabei würden sie vielleicht noch einige Monate gemeinsam sitzen. Wobei man im Gefängnis nie weiß, mit wem man heute Abend in einer Zelle sein wird.

Er sprach von seinen Marathonläufen, den früheren und den zukünftigen, erzählte von seinen Trainingseinheiten und suchte immerzu Stellen, an denen er Rekorde brechen konnte.

Er machte Liegestütze auf dem »Fünfer« vor der Schleuse und lag dabei allen im Weg. Die »Straßenbahn« genannte Sitzbank um den Tisch nutzte er zum Treppensteigen, immer schön auf die Zehenspitzen, das trainiert Waden und Oberschenkel.

In Sachen Tisch erhielt er einen Verweis und stellte die Übungen dort ein. Dafür versuchte er Burpees zu machen, mit einem solchen Lärm, dass man ihm sogar in die Augen schauen und ihn noch einmal verwarnen musste.

Daraufhin verlegte er seine Trockenübungen auf die Pritsche. In seiner Privatsphäre versuchte er sich an den verschiedensten komischen Übungen, aber es schien, als würde keine richtig funktionieren.

Die Hütte war krank und ging nicht raus, er konnte

die Genesung kaum abwarten, obwohl er wusste, dass der Hof nicht wirklich groß ist. Als endlich wieder Hofgang angesagt war, beflügelte ihn das, aber nur so lange, bis sie auf dem Hof ankamen. Welch ein Frust, der Platz reichte nicht einmal zum Gehen.

Ein paar Wochen später wurden sie auf einen größeren Hof gebracht.

Es war, als hätte er den Jackpot geknackt. Zuerst lief er in schnellen Schritten und zählte die Meter. Fast 4 auf 7! Dann wollte er unbedingt, dass sie sich in die Mitte stellten … Man tat ihm den Gefallen, sie standen da und rauchten. Er zog seine Jacke aus und rannte im Kreis um sie herum. Die Witze waren ihnen bereits ausgegangen, keiner lachte mehr über ihn, drei Zigaretten waren aufgeraucht – und er rannte immer noch, wechselte lediglich manchmal die Richtung, alle halbe Stunde, so schien es. Erst als die Geräusche bereits das Ende des Hofgangs ankündigten, hielt er inne und sagte:

»Anderthalb Stunden laufe ich voraus, Männer, und immer noch kein Vorsprung.«

Bis sie reingeführt wurden, dauerte es noch eine halbe Stunde, und auf dem Weg redete er immerzu auf den Begleitwärter ein:

»Könnten wir vielleicht immer auf den großen Hof?«

»Unter Einhaltung des Plans.«

»Vielleicht geht es für die Marathon-Mannschaft in U-Haft auch außerplanmäßig?«

»Was für eine Mannschaft? Üben fürs Weglaufen?«

Er verstand den Hinweis und sagte nichts mehr.

Sie hatten übrigens Glück. Es dauerte keine Woche, bis sie erneut auf den großen Hof geführt wurden. Allerdings ohne ihn. Er lag nach seinem persönlichen Rekordlauf noch immer mit Fieber flach.

35. Bestellung im Geschäft

Bei Ehemaligentreffen erinnert man sich an die Schulzeit, und auch sie sprachen manchmal darüber, wie sie in diese Welt gekommen waren, wie diese sie empfangen und belehrt hatte. Und dann erzählten sie sich:

»In Schodsina haben wir sie auf den Markt geschickt.«

»Nicht auf den Markt, zum Eurogroßhandel. Ich habe gesagt, sie sollen eine Bestellung schreiben, was sie brauchen, das Geld würde später abgezogen.«

»Und? Haben sie?«

»Manche ja, manche nein. Wenn man's gut angestellt hat, dann ja.«

»Und weiter?«

»Das hing von der Schicht ab. Einige haben einfach nur gebrüllt vor Lachen. Einmal hat aber einer den Befehl zum Anziehen gegeben und ihn rausgeführt.«

»Wirklich auf den Markt?«

»Sie haben ihn nach 40 Minuten vollkommen durchnässt zurückgebracht. Er kam rein, hielt extra noch die Tür auf und erklärte laut: Draußen regnet es. Auf dem Flur haben sie sich weggeschmissen vor Lachen. Später hat er uns erzählt, dass er in die Dusche geführt wurde.«

»So lustig! Bei uns haben sie eine Katze beantragt

gegen die Mäuse. Als Mäuse auftauchten, hieß es: Wer hat eine Katze zu Hause?«

Und sie erklärten, dass Hunde verboten sind, Katzen aber möglich, falls es Mäuse gibt. Auf Antrag natürlich.

»Wir haben Brotreste gesammelt, in einer Tüte, und den Neuen gesagt, dass man beim Hofgang ein Pferd füttern kann. Einer von ihnen hat die Tüte tatsächlich mitgenommen. Einmal haben sogar zwei Dame gegeneinander gespielt, der Gewinner sollte das Pferd füttern dürfen.«

»Und was ist mit der Tüte passiert?«

»Nichts. Sie wurde ihnen auf dem Gang abgenommen. Wir sagten dann, dass das Pferd jetzt hungert, weil sie unfähig waren, eine Tüte zu verstecken.«

»Und den Reichsten habt ihr zum ›Euroopt‹ geschickt?«

»Genau. Wir haben gefragt, wer das meiste Geld auf dem Konto hat, und dann den ganzen Abend einen gemeinsamen Einkaufszettel geschrieben. Den musste er auswendig lernen, weil oft gefilzt wird. Wir haben Geld gezählt, uns über die Preise gestritten. Und wenn am nächsten Morgen die Wärter riefen: ›Fragen?‹, sollte er antworten: ›Gestatten Sie, ich gehe heute für unsere Zelle einkaufen.‹«

»Und? Wurde der auch unter die Dusche geschoben?«

»Nee, deren Scherze waren nach Schablone. ›Alle raus, die Hütte wird gefilzt.‹ Aber das war es wert.«

36. Das Buch

Es war ein nebliger Morgen. Wie immer, übrigens. Von zwölf Mann in der Zelle rauchten elf, immer fingen sie sofort nach dem Wecken an. Immer zwei. Bis das sechste Duo fertig war, machte sich das erste schon wieder bereit, Dampf abzulassen. Der Rauch ballte sich, hing unter der Decke, wartete darauf, dass eine Ventilation eingebaut wird. Geraucht wurde auch abends, dann aber nicht streng und schweigend, jetzt lauschte man und erzählte sich Geschichten. Wie man in den Knast gekommen war und warum, wo man früher gesessen hatte und mit wem. Solche Dinge. Der Zwölfte schwieg meist, doch einmal sagte er: »Kennt ihr den Schriftsteller Ray Bradbury? Er hat so ein Buch geschrieben, ›Fahrenheit 451‹.« Der eine oder andere grunzte: »Kennen wir«, oder sogar: »Haben wir gelesen.«

»Dort werden Bücher verbrannt. Sämtliche Bücher. Und damit die Bücher erhalten bleiben, lernen die Leute sie auswendig und erzählen sie einander. Lasst uns das auch so machen.«

»Kannst du denn ein Buch auswendig?«

»Nicht komplett. Aber ich war früher in einer anderen Hütte, dort hat einer ein Buch bestellt und ich auch eines, und dann haben alle aufgehört zu rauchen.«

»Allen Carr, ›Endlich Nichtraucher!‹?«

»Nee. Es war was anderes. An den Umschlag erinnere ich mich nicht genau, ich hab mein Buch gelesen. Aber die anderen haben jeden Tag davon erzählt. Soll ich euch auch erzählen?«

»Na gut, schieß los.«

Er nahm an, dass einer vielleicht das Buch von Carr gelesen hatte, also musste er improvisieren und ein neues Buch schreiben, auf der Basis des alten, nur besser. Anders als Carr musste er auf deftige Ausdrücke nicht verzichten und sich keine Sorgen machen, wenn er kühn wissenschaftliche Studien erfand und von den Erfahrungen ausgedachter Leute erzählte.

Er verlangte, dass niemand mit dem Rauchen aufhört, ehe er nicht das Buch zu Ende erzählt hat. Und dann quälte er sie Stunden und Tage mit dem immer gleichen Gedanken. Rauchen ist keine schlechte Angewohnheit, sondern eine Drogensucht, die keinerlei Vorteil bringt. Hatte jemand Einwände, erklärte er es gnadenlos weitere hundert Mal. Alle waren froh, als er endlich verkündete, dass das Buch morgen fertig sei und sie das Rauchen aufgeben können.

37. Der Zeitplan

Auf dem Zeitplan an der Wand standen viele interessante Dinge, genau eingehalten wurden aber nur zwei Punkte: Zapfenstreich um 22 Uhr und Wecken um 6. Das wurde sogar an Neujahr streng eingehalten, der Rest des Plans, wie es sich ergab.

So gab es etwa einen Punkt »Information im Rundfunkraum«. Ein Rundfunkraum war aber nicht vorhanden. Oder »Briefausgabe«. Es kamen keine Briefe. Dazu gibt es nichts zu schreiben.

In seinem persönlichen Zeitplan kam immer nach dem Mittagessen ein Moment, in dem sich die Haut über dem Bauch spannte und die schwer gewordenen Lider nach unten zog; er musste sich dringend ausruhen. Er hatte seine Erfahrungen gemacht und wusste, dass Schlafen um diese Zeit unhöflich war gegenüber den Leuten, die gerade arbeiteten und regelmäßig durch das Auge schauten. Daher saß er auf der oberen Pritsche hinter dem »Panzer«, einer halbhohen Ziegelwand, die den Sanitärbereich abtrennte, durch das Auge waren nur seine Füße in den Latschen zu sehen. Konnte er ahnen, dass er nicht einmal hört, wie die Schleuse aufgeht und der Diensthabende in die Zelle kommt?! Und keiner aufsteht und die vorschriftsmäßigen Dinge sagt. Einfach keiner.

Als er abgeholt wurde, um Erklärungen zu dem Bericht über sein Schlafen abzugeben, schrieb er auf das Formular: »Einen Verstoß gegen die Disziplinarordnung habe ich nicht begangen, da Schlaf in den Verhaltensvorschriften nicht verboten ist.« Darauf beharrte er.

Der Erzieher betrachtete ihn aufmerksam, mit Interesse. »Und wenn ich die Vorschrift finde?« Er führte ihn zu dem Zeitplan und sagte: »Lesen Sie vor!«

»6.00-6.30 – Wecken, Betten machen, Morgentoilette.«

»Sehen Sie in dem Plan irgendetwas über Schlaf außer ›Zapfenstreich‹ um 22.00 Uhr?«

»Nein.«

»Also ein Verstoß. Gestehen Sie das jetzt ein?«

»Entschuldigung, aber, tut mir leid, aber dort steht auch nichts von Zeit zum Klositzen. Ist das dann auch ein Verstoß?«

»Nimm dich in Acht! Sonst nehmen wir den Plan wörtlich, Morgentoilette bis 6.30 und Abendtoilette ab 20.30. Das willst du bestimmt nicht, oder?«

Das wollte er nicht.

38. Der Hausherr

Getier aller Art gab es zur Genüge, und der Umgang damit war unterschiedlich. Die wenigen Kakerlaken wurden gnadenlos zerquetscht, mit Schnecken freundete man sich an, Mäuse und Ratten wurden nur dann gejagt, wenn sie übermäßig dreist wurden. Den Hausherrn ließ man in Ruhe, zumindest wenn man bei Sinnen war.

Einmal entfernten sie ein Spinnennetz, es schien alt und nicht mehr in Pflege und Gebrauch. Und schon war's passiert, Umzug in eine andere Hütte. Man könnte denken »Zufall«, aber davor hatte das Spinnennetz mindestens zehn Wochen unberührt dort gehangen. Und als sie den Spinnerich sahen, gab's noch am selben Tag Zuwachs in der Zelle.

»Aahhh! Ich habe eben den großen Schwarzen gesehen!«

Warum hatte er hingeschaut? Sich nicht abgewendet? Überhaupt schaut man mancherorts besser nicht hin oder schweigt über das Gesehene. Ist die Sache angesprochen, ist's zu spät. Genau so kam es: Am Abend wurden sie reingeführt. Wohin, mochte man denken, schon jetzt saßen sie wie die Heringe. Aber formal gab es noch Platz, und da sich der Hausherr gezeigt hatte, gab es auch Zuwachs. Zwei Mal hatten sie beobachtet, wie der Hausherr ging: einmal durch den Schnabel, einmal unter der Schleuse durch. Beide Male wurde kurz darauf einer freigesprochen! Ominös! Glaub einer nach so was nicht an Vorzeichen!

Die Neulinge bekamen die Umweltpolitik erklärt.

»Ihr müsst verstehen, wir sind hier nur befristete Gäste. Aber sie wohnen hier. Gäste dürfen die Hausherren nicht beleidigen. Essen wird geteilt, immer ein Rest für die Mäuse. Und den Spinnerich muss man hegen. Sein Netz fängt alle Übel ein.«

Nur im Karzer wurden Spinnennetze runtergeholt. Mit einem riesigen, drei Meter langen Mopp. Anders kam man nicht an die Deckenlampe. Und nur deswegen, weil man möglichst rasch von hier wegwollte. Und weil nicht heruntergeholte Spinnennetze sich rasch in immer weitere zehn Tage Gastaufenthalt beim Hausherrn verwandelten.

39. Gefoppt

Lange waren keine Neuen reingekommen, das Verlangen, jemanden zu foppen, war groß: viel Abwechslung gab es hier nicht. Man musste das natürlich sorgsam vorbereiten, häufig ging es schief, weil das hier ein misstrauisches Völkchen war, das sich selten etwas vormachen ließ. Dann aber kam eine Gelegenheit.

Er war noch nicht allzu lange hier und sog noch neues Wissen auf, die hiesigen Geheimnisse und Bräuche, die ihm seine Zellengenossen großzügig mitteilten. Es gibt eine unendliche Zahl kleiner Prozeduren, von denen man nicht weiß, wie sie funktionieren, und dann wundert man sich. Für jede Kleinigkeit gibt es eine Abteilung, ein Formular und eine Ordnung, die man kennen muss.

»Männer, ich habe morgen Geburtstag!«

»Nicht schlecht! Wirklich? Wie alt?«

»Vierzig.«

»Sogar ein runder! Warum hast du nichts gesagt?«

»Wozu denn?«

Hier schien ein Muster auf, es war eindeutig ein Moment, den man nutzen konnte, um jemanden zu foppen. Nur keinen Verdacht erregen, ein kluger Typ, auch wenn er ein Frischling ist.

»Was heißt da wozu?? Gibst du Torte für alle aus?«

»Über die Bestückung?« Dieses Wort hatte er schon gelernt.

»Nein, über die Bestückung gibt's nur Biskuit. Zum Geburtstag kann man über Sonderbestellung eine Sahnetorte bekommen. Hast du Geld?«

Geld hatte er. Und eine Sahnetorte wünschte er sich sehr.

Sie brachten ihm bei, wie man den Antrag schreibt, dass man eine Quittung beilegen muss und beides dem Traktvorsteher persönlich zur Überprüfung auszuhändigen ist. Er nahm ihnen sogar ab, dass die Formulierung »bitte ich nachdrücklich zur Verfügung zu stellen« im Kontext des morgigen Geburtstags die richtige Ausdrucksweise, dass das so üblich ist. Überhaupt steckte der Antrag voller Ideen.

Als er bei der Kontrolle dem Traktvorsteher alles aufsagte, was sie ihm beigebracht hatten, und er ihm den Antrag übergab, verzog dieser keine Miene, und erst als sich die Schleuse geschlossen hatte, konnten feine Ohren ein entferntes Gelächter aus der Wachstube hören.

Er aber hörte es nicht. Er wartete auf die Torte. Und die Hütte wartete auf eine asymmetrische Antwort. Angeblich hatten sie einmal nach einem ähnlichen Antrag anstelle einer Pizza einen Teller Fischreste geliefert, ein anderes Mal dem Antragsteller eine Jacke angezogen und ihn unter die Dusche gestellt, meistens aber einfach die Hütte gefilzt.

Der Schnabel öffnete sich, zweifaches Klopfen, sein Name wurde gerufen. In einer Schüssel aus der Gefängnisküche lag ein Stück Torte. Sie konnten es nicht fassen. Am meisten aber wunderte er sich. Verwirrt fragte er: »Und für die Kollegen?«

40. Die Schere

Er nervte schon alle mit seiner Schere. Wie Rapunzel, nur dass statt der Haare die Nägel wuchsen und sich bogen. Jede Woche bat er darum. Und neulich machte er Skandal. Früher sei die Schere schärfer gewesen, eher wie eine Nagelschere, das sei jetzt aber eine Papierschere und obendrein stumpf. Sie sagten ihm, er solle die nehmen, die es gibt, aber er lehnte stur ab und schrieb weiter Anträge. Eine Woche später verstand er, dass er so nicht weiterkam, und bat erneut einen Aufseher. Der beschied ihm: »Warten Sie. Freitags und am Wochenende ist das nicht vorgesehen.« Und dann ging alles von vorne los. Er hätte jemanden bitten können, an seiner Stelle nach einer Schere zu fragen und sie ihm dann zu geben. Doch das erschien ihm unsportlich, und er ging den Aufsehern weiter mit seiner Schere auf die Nerven. Die hatten aber anscheinend auch ihre Prinzipien.

Spitze und scharfe Gegenstände waren in der Hütte nicht erlaubt. Selbst vergleichbar harmlose Dinge wurden bei Durchsuchungen mitgenommen. Laut Gefängnisordnung konnte man bei der Verwaltung eine Nadel bekommen (häufig mit kaputter Öse und abgebrochener Spitze), Faden (häufig gab es keinen, weil er freigiebig für das »Ross« verwendet wurde) und ein Messer (danach hatte nie jemand gefragt, es ging auch ohne). All das wurde auf schriftlichen Antrag ausgehändigt. Nimm die Schere! Egal wie stumpf sie ist! Eine Papierschere? Sei froh, dass es keine Gartenschere ist!!! Wenn du sie nicht nimmst, bist du tumb, nicht die Schere. An diesem Tag stellte er seine Frage bei der Frühstücksausgabe (»Warten Sie auf die Tagesschicht!«), während der Morgenkontrolle (»Fragen Sie in einer Stunde beim Kontrolleur!«), eine Stunde später (»Warten Sie!«), beim Hofgang (»Ich habe Ihnen doch gesagt, ›warten Sie‹!«) und bei der Abendkontrolle (»Wenden Sie sich mit dieser Frage an die Tagesschicht!«). Der Kreis schloss sich, doch die Hoffnung erlosch nicht. Als von der Flurseite die äußere Tür geöffnet wurde und dann der Schnabel aufging, dachte er: »Endlich bekomme ich meine Schere«. Stattdessen außerplanmäßiges Filzen. Er blieb in der Zelle, die anderen wurden rausgeführt, denn er hatte an diesem Tag auch noch Zellendienst.

»Verbotene Gegenstände?«, fragte der Diensthabende des Untersuchungsgefängnisses den Diensthabenden der Zelle.

Er opferte eine Klinge, die Schnur und das »Ross« und warf sie in den Flur.

»Noch was?«

Der Diensthabende der Zelle nickte wie im Krampf, streckte mit einer verzweifelten Geste seine Hände aus und zeigte seine Krallen.

41. Mascha

Sie hieß Mascha. Sie hatte ein breites, fröhliches Lachen und ein riesiges rotes Herz über dem gesamten Leib. Das kam so: Türenknallend, durch Kellerflure wurden sie auf den Hof geführt. Sie wussten auch so, dass es draußen schneit oder regnet. Doch draußen war es märchenhaft. Über Nacht hatte sich ihr Fleckchen Hof mit Schnee bedeckt. Links lagen kleine Schneehaufen, rechts blitzten frisch gepellte Ziegel. Auf dem Hof war es windstill, ein klein wenig über null, und wenn so viele Gewehre in den Kulissen hängen, muss einfach ein Schuss fallen.[16] Sie mussten sich kaum abstimmen und wälzten vorsichtig, um den frischen Schnee nicht plattzutreten, einen Kopf, eine Brust und einen Leib und setzten das alles stolz auf die Bank in der Mitte. Doch das war erst der Anfang! Unter dem Schnee verbargen sich kleine rote Ziegelsplitter und Zementbrocken, in den Wandschlitzen fanden sich abgebrannte Streichhölzer, sie arbeiteten ohne Pause. Diskutierten dabei schwierige ästhetische Fragen. Pygmalion. Sie nannten sie Mascha. Sie hatte Augen und eine Nase und sogar proportionierte runde Ohren aus Zement. Außerdem hatte sie kleine Arme und Hörner, auch die gut proportioniert. Schließlich hatte sie aus irgendeinem Grund einen knöchernen Drachenkamm vom Nasenrücken bis zum Schwanz. Aber das Wichtigste, das Allerwichtigste waren ihr mit Mosaiksteinchen aus Ziegel geformtes rotes, fröhliches Lachen und ein ebensolches riesiges, hervorgewölbtes Herz über den gesamten Leib.

»Die Schneefrau wird kleingemacht, bevor ihr den Hof verlasst«, rief der Aufseher über ihnen.

Sie nickten, dann umarmten sie Mascha, und Mascha versteckte sich in der Ecke hinter der Tür. Sie erhielten noch den Befehl, die Schneezeichen an den Wänden zu entfernen, doch die konnten sie nur überpappen. Von oben beobachtete man sie dabei, Mascha aber stand versteckt hinter der Tür und schwieg.

Als sie vom Hof geführt wurden, waren sie froh und stolz, denn dort hinter der Tür in der Ecke stand eine sehr schöne Mascha mit einem riesigen roten Mosaikherz.

Sie sollte mit ihrem Lächeln die empfangen, die als Nächstes auf den Hof kamen.

… Der Letzte in ihrer Reihe hat ihnen niemals erzählt, dass der Begleitsoldat noch einmal auf den Hof ging und von dort ein Geräusch wie ein Fußtritt in den Bauch zu hören war. In einen weichen Bauch aus Schnee, der von einem großen roten Herzen bedeckt ist. Er beschloss, dass er sich das nur eingebildet hatte.

42. Die Banja

Seit wir Menschen aus dem Meer gestiegen sind, sehnen wir uns dorthin zurück. Sie wollten besonders an Sonntagen ins Wasser, denn zum Baden wurden sie montags geführt und an den Wochenenden waren sie maximal dreckig. In der Zelle gab es nur ein Thema, die Banja.

»Banja, Banja.«[17]

Der Neue war gerade erst angekommen und noch nicht einmal rasiert. Er versuchte sich immerzu vorzustellen, wie hier wohl die Banja aussieht, wahrscheinlich wie jede öffentliche Banja. Er war schon vorher ein Banja-Fan gewesen.

»Bekommt man Reisigbesen?«, fragte er.

»Bekommen … Das hier ist ein Gefängnis!«

»Hier muss man alles selbst besorgen, du bist nicht daheim.«

Dann bekam er Nachhilfe. Sie erklärten, dass Reisigbesen an sich verboten sind, dass man sich aber selbst einen Besen aus Zellophan flechten kann. Dazu brauchte man Brottüten und viel Zeit. Die verschmolzenen Fäden der Tüten müssen zu einem Zopf geflochten werden (man erhält ein »Ross«), dann kommen in jeden Zopf ein paar kleine Knoten und sie werden verbunden. Die Alteingesessenen sagten, das sei nicht ganz so gut wie Eichenreisig, aber besser als nichts. Sie würden ja ihre Besen gerne zeigen, aber die wären leider in der Banja, würden dort zusammen mit ihren Kübeln im Schrank aufbewahrt. Sie zeigten auf eine Schüssel neben der Toilette, die sollte er mit Soda reinigen und mitnehmen. Und den Besen gut in der Tüte mit den Wechselkleidern verstecken.

Drei Tage flocht er an dem Besen, und am Montagmorgen scheuerte er die zum Kleiderwaschen vorgesehene Waschschüssel. Er war bereit.

Zweimal Klopfen an die Tür.

»In die Banja?«

»Natürlich!«, rief die Hütte im Chor.

»Heute kein warmes Wasser. Trotzdem?«

»Ja …«, sie fluchten leise.

Er dachte noch, was soll's, wozu warmes Wasser? Nach der Sauna ist kaltes sogar besser. Aber seine Zellengenossen waren plötzlich so anders, alle mit finsterer Miene. Er heftete sich an einen, fragte, warum das Wasser ihm so die Laune verdorben hat. Der winkte ab und erklärte, dass er waschen wollte … Komischer Typ!

Er lief als Letzter aus der Zelle, fast hätte er die Schüssel vergessen.

»Was soll das? Dalassen!«

»Ich will waschen«, erklärte er, wie sie es ihm gesagt hatten.

»Dalassen, habe ich gesagt!« Er stellte die Schüssel

ab, was sollte er tun? Zum Glück war wenigstens der Besen gut versteckt.

Sie wurden über Flure geführt und dann in einen gefliesten Duschraum gestoßen. Dort gab es Kleiderhaken und sonst nichts. Keine Schränke, keine Schüsseln, keine Sauna.

»Männer, wo ist denn die Sauna?«, fragte er verwirrt, ahnte aber schon, dass sie ihn aufgezogen hatten.

»Keine da?«

»Eine Sauna wollte er. Vielleicht noch heißes Wasser gefällig …«

Die »Banja« war an diesem Tag die gleiche wie an jedem anderen. Nur kalt.

43. Ururu

Ab und zu ertönte eine synthetische Robotstimme in seinem Kopf. Anfangs dachte er: eine Einbildung, dann, ich verliere den Verstand, dann kam er auf die Idee zu fragen: »Was ist das für ein Geräusch?« – »Das ist das Ururu«, bekam er zur Antwort, doch dann erklärten sie ihm, was das ist. Kommunikation über Rohrleitungen, das war offenbar keine Erfindung von Science-Fiction-Schriftstellern. Das hatte es hier schon immer gegeben. Fast wie beim Telefon, konnte man über die Kanalisation sprechen, über das Steigrohr Teilnehmer in jeder Hütte anrufen. Sogar Hörer gab es, allerdings nicht wie beim Telefon, sondern geriffelte. Natürlich konnte man auch durch die Wand kommunizieren (Aluminiumbecher ans Ohr) und über den Heizkörper (in den Becher sprechen und mit ihm hören) und sogar auf dem lauten Kanal quer über den Flur (wenn man es schaffte, das Radio zu überschreien). Aber das Ururu war natürlich die interessanteste Variante.

»Ururu! Ururu! Rede du – rede du!«

»Wer spricht– wer spricht?«

»Hast du Tabak?«

»Rauche nicht.«

Zwei sprachen über wichtige Fragen, und in den Röhren ertönte die synthetische Stimme.

Einer der Alteingesessenen, offensichtlich im früheren Leben ein IT-ler, erzählte angeregt, dass über das Ururu sogar Mehrkanalkonferenzen möglich sind, nur mit der Verschlüsselung haut es nicht ganz hin.

»Wie?« Der Neue hatte Schwierigkeiten, »nicht ganz« oder »Verschlüsselung« zu verstehen.

»Na, schau her!«

Der Ex-IT-ler nahm mit einer kleinen Armbewegung den Siphon[18] vom Waschbecken und hielt ihn elegant an sein Ohr. Dann bedeckte er ihn mit seiner Hand und erklärte:

»Siehst du, ich höre alles! Unverschlüsselt! Und ich kann sogar selbst sprechen.«

Er nahm die Hand weg, überlegte kurz und brüllte dann, das gemächliche Gespräch übertönend, in den Siphon:

»Hey! Wer bist du??? Wer spricht da??? Wie bist du hierher geraten???«

44. Das Protokoll

Von solchen Leuten sagt man, dass sie Nägel im Hintern haben. Das stimmte natürlich nicht, bei der Leibesvisitation zum Einzug wären sie zwangsläufig entdeckt und ihm abgenommen worden. Aber er lebte zufrieden, sogar ohne Nägel, und schien unsterblich zu sein. Er lag in vorderster Linie an der Front, direkt neben dem »Auge«, aber das störte ihn nicht. Nachts las er Bücher, und tagsüber schlief er. Das wurde beobachtet, er wurde an den Schnabel gerufen.

»Sie. Ja, Sie. Aufstehen! Warum schlafen Sie? Name?«

»Meiner?« Er nannte ihn und fügte hinzu: »Und Ihrer?«

»Protokoll!« Der Schnabel schepperte beim Zufallen. Er kam zurück und beschrieb allen die Fingernägel und die Frisur der Wärterin. Am nächsten Tag das Gleiche mit einer neuen Aufseherin. Er wurde nach seinem Namen gefragt, fragte zurück, hörte »Protokoll!« und hielt sich nicht zurück: »Sind Sie Schwestern?«

»Was?«

»Die Schwestern Protokoll? Ich habe gestern Ihre Schwester kennengelernt, und jetzt höre ich, dass Sie denselben Namen haben.«

Ein zweites Protokoll erhielt er dafür nicht, aber den Namen erfuhr er auch nicht.

Das preisgekrönte dritte Protokoll, für das es eine Reise in den Karzer gab, verdiente er sich noch ungewöhnlicher. Obwohl er nicht zu schlafen schien, klopfte es an der Tür zweimal mit dem Schlüssel auf den geöffneten Schnabel. Das bedeutete, dass einer hinlaufen und von unten nach oben schauend fragen muss:

»Ja, Bürger Vorgesetzter?«

Er aber brüllte auf das Tock-Tock einfach durch die Hütte:

»Wer da?«

Anschließend musste er trotzdem zum Schnabel. Wie zu erwarten, bekam er zu hören: »Komplett unrasiert!«

Am Tag seiner Abreise in den Karzer hatte eine der beiden Schwestern Protokoll auf dem Flur Dienst. Sie erzählte dort mit lauter Stimme eine Geschichte, wie einmal in einem anderen Gefängnis ein Häftling rauskam, seine einstige Flurwärterin bezirzte, diese daraufhin entlassen wurde, und sie bis ans Ende ihrer Tage glücklich zusammenlebten.

45. Der Facettenreiche

Das Untersuchungsgefängnis. Eine Galaxie mit ihren Sternensystemen der verschiedenen Trakte und weiteren Verzweigungen. Jede Zelle ist ein Planet, eine eigene Welt mit eigener Biosphäre, eigenen Gesetzen, Bräuchen und Memes. Und eigenen Namen für jene, die zwischen den Welten reisen, um sie zu kontrollieren. Mancherorts wurde dieser Kontrolleur vielleicht als »ominöse Person« bezeichnet, hier aber hatte jede Hütte wegen seiner Statur und weil er so nervte einen eigenen Namen für ihn. Manchmal wurden die Menschen in den Hütten neu gemischt, dann tauschten sie ihre Memes und Namen aus. Hier nur einige der Namen des Facettenreichen, die sich in einer einzigen kleinen Hütte in zwei Monaten angesammelt hatten: der Ballon, der Eber, der Dicke, der Rüsselkäfer, der Hamster, das Maul …

Angesprochen wurde er natürlich anders – Bürger Vorgesetzter. Im Vergleich zu den anderen Herren Vorgesetzten war er besonders.

Hatte er Dienst, fiel die Vorbereitung sorgsamer aus als die Generalreinigung am Arbeitssamstag. Zusätzlich zu den üblichen Ritualen (Fegen, Putzen) räumten sie die leeren Pritschen frei (stopften zumindest die Sachen für die Zeit der Überprüfung irgendwohin), machten die Hütte schön: An der »Bar«, dem Regal für Lebensmittel, rasierten sie sich vorbildlich. Und vieles anderes mehr. Wenn die Dienstvorschriften bei der Armee mit Blut geschrieben sind, dann waren die Regeln der Vorbereitung auf die Ankunft des Facettenreichen aus »Tadeln« gezimmert. Er hatte immer noch mehr als das banale »Warum unrasiert?« anzumerken. Vorletztes Mal lag ein Kissen vorschriftswidrig auf der falschen Seite des Betts, letztes Mal befanden sich zwei Teeblätter in einem der Becher, die für die Überprüfung in Reih und Glied standen. Was kam diesmal? Nach dem Bericht glitt der Blick des Facettenreichen über die Kinne – perfekt, über die Kojen – ordentlich, nirgendwo das Laken zu sehen, über die »Bar« – Tüten im Spalier (die »Sets«). Über die Fliesen des »Panzers« – vollkommen sauber, über die Becher – alle in Topflappen eingepackt. Seine Augen leuchteten auf. Heureka! »Ich hab's!«

Der Becher-Upgrade wurde beseitigt, die Schuldigen gefunden. Die Becher mussten in einer Reihe auf den Tisch gestellt werden, vor allem aber nachts »zum Schlafen« umgedreht werden. Sonst: Protokoll. Die Überprüfung war nicht umsonst gewesen, eine neue Regel war entstanden.

46. Ein Säckchen Tee

Käme der legendäre Bonze Krösus in U-Haft und hätte keine Verwandten draußen, welchen Nutzen brächten ihm seine ungezählten Reichtümer? Er würde wie alle anderen sitzen und morgens Grütze essen. Und selbst wenn Krösus ein Obdachloser mit schwerem Schicksal wäre, hätte er zum ersten Mal keine Schwierigkeiten mit neuen Kleidern – hier würde sich alles finden.

Menschen, die nichts hatten, außer guter Laune, nannten sich »fröhliche Barfüßler« und traten aktiv in Kontakt mit der ganzen Welt.

Bekam so einer eine Spritze, kam er mit acht geschnorrten Zigaretten zurück – bitte schön! Eine doppelte oder dreifache Portion herausleiern, nichts leichter als das. Aber das Wichtigste waren natürlich Kippen für den persönlichen Bedarf und Tee für den allgemeinen. Über die Heizkörper, über das Ururu, durch die Wände und über die blank liegenden Nervendrähte des Rosses funkte er SOS: »Männer, wir sitzen blank, fröhliche Barfüßler. Schickt uns wenigstens ein Säckchen Tee.« Mit der Bitte um humanitäre Hilfe wurde nicht immer wieder die gleiche Hütte belästigt, sondern eine nach der anderen abgearbeitet. Auf die Männer war Verlass. Sie sammelten für ein Lunchpaket. Ein Säckchen Tee, das ist wie eine Friedenspfeife: zwei in Folie gewickelte Schiffchen Tee. Ein Säckchen würde auf jeden Fall kommen, über das Ross, durchs Fenster oder über den Flur. Und dazu konnten alle möglichen anderen Gaben gepackt werden: drei Zigaretten, zwei Scheiben Speck oder Wurst oder sogar ein Schiffchen Kaffee. Traf die Humanitäre ein, setzte sich der Stamm zum Teetrinken zusammen. Das Säckchen Tee wurde mit allen Ritualen in der Schaufel aufgekocht und die Schaufel im Kreis herumgegeben. Anschließend wurde ein neuer Kassiber geschickt, die Jagd auf das nächste Säckchen Tee war eröffnet.

Die Männer saßen blank, fröhliche Barfüßler, und die Hütten schickten immer wieder ein Säckchen, auch wenn sie fluchten – was sind das für Hungerleider! Einige weigerten sich sogar beim zweiten oder dritten Mal, es reicht, wie oft denn noch.

Niemand ahnte wohl, dass einige nackte Barfüßler Devisenbündel für das Lager in ihren Taschen hatten: stangenweise Zigaretten, Tee, Zucker... Das war ihre eiserne Ration, die strategische Reserve für die Zukunft.

47. Haltung zeigen

Die Menschheit wartet schon zweitausend Jahre auf die zweite Ankunft, sie aber warteten bei jeder Schicht des Kleinen auf die Kontrolle. Der Morgen war nie gut. Was soll gut sein am Filzen sonntags morgens um sechs, wenn man schon lange nichts mehr zu tun hat und sich dennoch wünscht, dass die Wochenenden sich von den anderen Tagen unterscheiden?! Das Volk stand finster auf, zog sich an, machte die Betten und kroch auf die Pritschen, um noch ein bisschen »zu lesen«. Da öffnete sich der Schnabel und ein forderndes Tock-Tock ertönte. Dem Diensthabenden der Zelle wurde in sachlichem Ton mitgeteilt:

»Herhören… Jungs… Ihr zeigt jetzt mal anderthalb Stunden Haltung. Vielleicht gibt's eine Kontrolle. Ein bisschen Haltung, Jungs.«

Der Diensthabende gab die an sich logische Bitte weiter, und die Jungs kletterten stöhnend von den »Palmen«, setzten sich auf die »Straßenbahn« und »zeigten Haltung«. »Haltung zeigen« tut man normalerweise nachts, wenn man nicht schläft, sondern am Tisch sitzt, weil nicht genug Pritschen für alle da sind. Aber wenn es dem Kleinen in den Sinn kam, musste während seiner Schicht »Haltung gezeigt« werden, und zwar tagsüber, und zwar von allen. Nachdem sie die vereinbarten anderthalb Stunden Haltung gezeigt hatten, krochen die Männer finster auf die Palmen, doch bald kam aus dem Schnabel erneut das aufdringliche Tock-Tock.

»Männer, schwierige Lage. Die Kontrolle soll jede Minute kommen. Zeigt noch ein bisschen Haltung, ein oder zwei Stunden, nicht mehr.«

Die Männer murrten, fügten sich aber schließlich und saßen noch ein wenig im Gefängnis. Die Bitte war höflich formuliert, aber wenn sie nicht erfüllt wurde, gab's Protokolle (schließlich waren sie im Guten gewarnt worden), daher warteten sie erneut die vereinbarte Zeit ab, doch umsonst. Der Zeitpunkt kam, die Kontrolle nicht.

»Männer!!! Sie sind noch nicht da! Zeigt noch ein bisschen Haltung! Euch ist klar, dass das keine Laune von mir ist! Wir wollen doch keine Probleme, für mich nicht und für euch nicht.«

Ihm wünschten alle Probleme, für sich wollte keiner welche. Daher schwiegen sie, saßen noch ein wenig im Gefängnis und warteten auf die Kontrolle. Während seiner Schicht kam keine einzige, stattdessen kam eine neue Schicht mit eigenen Regeln.

48. Corona

Wenn es Klaustrophobe gibt, muss es auch Klaustrophile geben. Viele wollten auf keinen Fall auf den Hof, unter keinen Umständen. Gründe nannten sie viele: keine Kleider, die kurze Freiheit regt ohnehin nur auf, es ist kalt, nass, heiß, langweilig, eine Sendung in der Glotze, Krankheit. Akzeptiert wurde nur Krankheit und nur mit Attest. Es blieb jedoch immer einer bei den Kranken, ein Glas Wasser reichen oder aufpassen, dass sich keiner an die Taschen macht. Der überzeugteste Stubenhocker ihrer Hütte heftete sich an die Kranken wie Pilotfische an einen Hai. Doch das Übel kam aus unerwarteter Richtung – alle waren gesund, kein Kranker mit Genehmigung mehr in der Hütte. Erst wollte er die Abstimmung gewinnen: Ist eine Mehrheit gegen Hofgang, bleibt die Hütte zu Hause. Das ging schief, trotz seiner wortgewandten Beschreibung der bevorstehenden Gefahren und der Vorzüge des häuslichen Lebens wollte die Hütte das Risiko eingehen. Weil er spürte, wie unerträglich ein weiterer Hofgang sein würde, setzte er am nächsten Tag alles auf eine Karte.

»Männer! Ich rieche nichts mehr. Ich habe dieses Corona.«

Das musste man ernst nehmen. Getestet würden sie nicht, einfach zwei Wochen in Quarantäne. Kein Hofgang und kein Besuch vom Anwalt. Es musste gehandelt werden.

»Schmecken tust du?«, fragten sie ihn.

Er schaute fern und verneinte, ohne nachzudenken.

»Was du nichts sagst!«, sagten die Männer zärtlich.

»Probier mal, schmeckst du das nicht?« Sie gaben ihm eine Zwiebel.

»Nichts schmecke ich!«, sagte er, nachdem er hineingebissen hatte und ihm schon die Tränen liefen.

Das Spiel gefiel ihnen. Der Kranke, der Geruchs- und Geschmackssinn verloren hatte, nahm zu Forschungszwecken ein: zwei Zitronen, Knoblauch, scharfes Gewürz, noch mal eine Zwiebel. Er schlug sich wacker!

Auf den Hof gingen sie trotzdem. Ein angesehenes Mitglied des Kollektivs bat ihn höflich und riet ihm dringend, dem Arzt nichts zu sagen, falls der Verlauf milde ist, oder er simuliert. Dumm gelaufen.

49. Phantasien

Aus den Geschichten über die Vergangenheit hätte man einen Abenteuerroman zusammenstellen können und aus den Geschichten über die Zukunft eine Science-Fiction-Story. Am liebsten aber diskutierten sie, was jetzt und hier geschehen könnte, wenn sie nur ein klein wenig mehr Glück hätten.

Sie diskutierten zum Beispiel, was es den Traktvorsteher kosten würde, für sie eine Pizza zu bestellen. Dann gingen sie zu etwas Realistischerem über.

»Ach, Pizza! Sie sollten uns ab und zu zweimal in der Woche zum Baden lassen. Was kostet sie das?«

»Sowieso unverständlich, wie man sich hier bessern soll, wenn man so dreckig ist.«

»Ein Häftling muss leiden!«

»Wir sind noch nicht verurteilt!«

»Dann erst recht!«

»Wenigstens zu Neujahr einmal zusätzlich ins Bad …«

»Mit den Mädels aus dem Frauentrakt …«

»Hast du die Mädels gesehen? Hüte dich vor deinen Wünschen! Du wirst aus der Dusche rennen, und sie lassen dich nicht raus!«

»Es sind auch richtig hübsche dabei!«

»Stimmt. Trotzdem, du rennst raus, glaub mir.«

»Das willst du auf keinen Fall, mit neun Weibern ins Bad, das willst du nicht.«

»Wenn das so ist ... Vielleicht könnten sich die Mädels vom Flur ein bisschen menschlicher verhalten?«

»Wie?«

»Na morgens. Sechs Uhr, Sonntag, auf dem Flur eine schöne Blonde. Und was macht sie, um dich zu wecken? Bzzz. Mit dieser idiotischen Sirene.«

»Sie könnte sagen: Guten Morgen, Jungs! Wie habt ihr geschlafen?«

»Nein, anders ... Sie soll ganz leise die Schleuse öffnen, herantreten und zärtlich ins Ohr ...«

Sie unterbrachen ihn.

»Warum schläfst du nach dem Wecken? Name?«

»Warum verderbt ihr alles? Lasst mich doch träumen. Also, sie würde kommen, mir mit der Hand über die Wange streichen, ohne mich aufzuwecken, und dann flüstern ...«

Sie unterbrachen ihn erneut: »Warum bist du so unrasiert? Wie ist der Name?«

50. Die Buchträger

»Büchertausch, Büchertausch« tönte es vom Korridor. Die Buchträger waren da. Normalerweise unterlagen die Bücher der Brownschen Molekularbewegung. Sie wurden in einer Hütte eingesammelt und ohne viel Aufhebens in der nächsten abgeladen. Das Ergebnis war eine Art Bookcrossing: irgendjemand hatte irgendwann ein Buch bestellt, und das wanderte dann durch das Untersuchungsgefängnis, einfach weil die Anfrage bei der Bibliothek gewöhnlich so lautete:

»Bringen Sie mir irgendein Buch!«

Aber bei ihnen war alles anders. Sie bekamen gute Bücher, die sie bei einem interessanten Spiel ehrlich gewonnen hatten. »Schiffe versenken für Intellektuelle« wurde so gespielt: Sie schrieben aus dem Gedächtnis Namen von Autoren und ihren Büchern auf. Die Buchträger überprüften das in der Bibliothek, und manchmal ging der Schuss vielleicht ins Wasser. Manchmal waren auch die Titel nicht ganz richtig, dann bekamen sie ein anderes Buch des »angeschossenen« Autors.

Auch heute sollten sie ihnen gute Bücher bringen, aber welche, das sollte eine angenehme Überraschung werden.

»Bücherrückgabe!!!«

Das taten sie.

»Also, das zurück, das zurück… Das zurück. Und wo ist die Lyrik des 19. Jahrhunderts?«

»Das hatte einer bestellt, der nicht mehr da ist.«

»Bücher gehen auf die Zelle.«

»Aber er hat es mitgenommen!!!«

»Wo ist er jetzt?«

»Woher sollen wir das wissen? Vielleicht auf Transport?!«

»Mir egal. Das Buch!«

»Aber er hatte es auf seinen Namen bestellt!«

»Alle Bücher gehen auf die Zelle. Habt ihr es etwa nicht?«

»Also … nein …«

»Und ich habe euch gute Bücher gebracht …«

»Aber wir …«

»Könnt ihr euch vorstellen, was hier los ist, die Leute rauchen, reißen Seiten raus für Selbstgedrehte, halbe Bücher verschwinden so!«

»Ja … aber wir …«

»Von euch hätte ich so was nicht erwartet!«

»Wir versprechen, dass es nicht mehr vorkommt!«

»Natürlich kommt es nicht mehr vor«, und damit schnappte der Schnabel zu.

»Und neue Bücher? Was sollen wir lesen?«, riefen sie den Buchträgern nach.

»Lest, was ihr habt – Lyrik des 19. Jahrhunderts. Ich komme in zwanzig Tagen wieder.«

51. Das Alphabet

Er hatte noch ein Leben: Für zwei Verstöße hatte er schon eine Verwarnung und eine Rüge erhalten. Noch ein Verstoß – Freifahrschein in den Karzer. Gestern hatte er Zellendienst, und ihm war nichts passiert. Er würde es bis Ende der Woche schaffen, dann feiert er den 40. Tag seit der Rüge, und alle Verstöße verbrennen mit blauer Flamme.

Zellendienst war eine gefährliche Sache. Der Amtsträger kassierte für alle, deshalb war es gut, dass das gestern sauber zu Ende gegangen war. Heute konnte er sich von früh an entspannen.

Normalerweise wurde der Name des Diensthabenden nicht bekanntgegeben. Die Zelle führte selbst Buch. Die Regeln der Traktvorsteher waren simpel – sie gingen nach dem Alphabet, in der Reihenfolge ihrer Kärtchen in der Kartei. Manchmal passierte aber etwas, und der Name des Diensthabenden wurde durch den Schnabel gerufen. Auch heute wurde plötzlich aus irgendeinem Grund der Diensthabende bekanntgegeben. Und das Übelste – es war schon wieder er.

Er stürzte zum Schnabel, betätigte den Klopfer und fragte:

»Bürger Vorgesetzter! Wie das? Ich hatte gestern Dienst, heute schon wieder?! Das muss ein Fehler sein.«

»Wurde Ihr Name gestern bekanntgegeben?«

»Nein, aber wir gehen doch nach dem Alphabet? Wer war gestern dran?«

»Nach dem Alphabet, wie immer.«

»Was sollen wir tun, ich habe gestern Dienst gehabt!«

»Das sind eure Probleme, wir führen Buch.« Der Aufseher schaute nach und nannte den Namen des gestrigen Diensthabenden.

Es war der Name, der im Alphabet nach seinem kam. Der heutige Diensthabende. Aber was sollte man mit dem Traktvorsteher diskutieren? Dass er das Alphabet nicht kann? Keine sehr gute Idee, vor allem, weil er im Buch bereits eingetragen war.

Natürlich übernahmen sie den Dienst für ihn (derjenige, der ihn gestern nicht geleistet hatte), aber gemäß dem Gesetz der ›maximalen‹ Perfidie kassierte der Diensthabende das Protokoll für ein seit Jahr und Tag an der Decke hängendes Spinnennetz, also er.

Sosehr auch alle versuchten, es auf sich zu nehmen.

Als sie ihm am nächsten Tag eine Erklärung abnahmen, bemerkte er in der Wachstube, dass auf dem Tisch unter Glas ein ausgedrucktes Alphabet lag. Offenbar schon lange.

52. Die Jagd

Beim Kegeln warf sie wahrscheinlich Strikes, und auf dem Flur schrieb sie Protokolle gleich für ganze Hütten. Eine halbe Stunde nach dem Essen trat sie mit unhörbaren Schritten an eine von diesen heran, öffnete zärtlich das Auge, schaute lange hindurch, öffnete dann den Schnabel und verkündete in die gerade erst aufwachenden, noch ganz verschlafenen Gesichter hinein: »Protokoll für alle« – das war bequem, so mussten keine Namen abgefragt werden, jeder bekam der Reihe nach ein Protokoll auf sein Kärtchen. Aber dieses Mal musste sie einen anderen Satz sagen: »Protokoll für alle, die schlafen. Der eine, der nicht schläft – ja, Sie, am Tisch … Wie ist Ihr Name?«

So erfuhr sie seinen Namen, und er wurde zu einer begehrten Jagdtrophäe.

Bei dieser Schicht öffnete sich das Auge regelmäßig, aber nichts passierte. Das Volk, das bereits ein Protokoll erhalten hatte, konnte schlafen und sogar an nicht dafür vorgesehenen Orten rauchen, es war, als schütze sie ein Amulett. Er aber saß weiter am Tisch und ging ihr bereits gewaltig auf die Nerven. Als sie wieder Dienst hatte, sagten ihm seine Nachbarn: »Schau, sie wird Jagd auf dich machen, bereite dich vor.« Und er bereitete sich vor, umso mehr, als er Dienst hatte. Während ihrer gesamten Schicht saß er wie auf Nadeln. Das Auge öffnete sich, der Schnabel klapperte, und das Volk amüsierte sich und machte, was es wollte – die Jagd galt ihm persönlich. Aber alles war in Ordnung: das Gesicht rechtzeitig rasiert, die Hütte sauber geputzt, der Müll ordentlich weggeworfen. Selbst eine unerwartete »technische Begehung« blieb erstaunlicherweise »ohne Tadel« (er hatte rechtzeitig alles selbst »gefilzt«, Verbotenes rausgeworfen und alle Indizien beseitigt). Am Abend eines schweren Tages stand er an der Tür und betrachtete das Werk seiner Hände: Alle schlafen und alles perfekt, die Hütte ist geputzt, Verbotenes beseitigt, kein Tadel – ein hervorragender Dienst.

Noch einmal öffnete sich das fast gar nicht mehr furchteinflößende Auge – er beeilte sich nicht mit dem Umdrehen.

»Aha … Wer verdeckt da mit dem Rücken zum Auge das Blickfeld? Protokoll! Name?«

53. Als Erstes ...

In der Regel wurde man von hier aus verlegt. Aber einige kamen auch vor Gericht und kehrten nicht mehr zurück oder wurden sogar entlassen, da sie ihre Strafe bereits abgesessen hatten. Wer entlassen wurde, ließ sich die Kontakte geben und verabschiedete sich mit Handschlag. Und ungeachtet ihres Status, ihres Alters, Familienstands und sonstiger Umstände, sagten sie alle dasselbe: »Männer, sobald ich hier raus bin, werde ich euch als Erstes ... einen Keiler[19] schießen!« Oder etwas bescheidener: »euch als Erstes ein bisschen wärmen«. Oder einfach »Zigaretten schicken«. Oder zumindest: »Schreiben«. Aber unbedingt als Erstes! Quasi auf der Stelle!

Er hatte ihnen natürlich auch alles Mögliche versprochen! Wie auch nicht! Sein Fall war überhaupt besonders. Er sagte, sie hätten ihn in der Werkstatt im schäbigsten Arbeitskittel verhaftet und er hätte nichts mitnehmen können, weder Geld noch Kleidung. Und so sei er hier, im Winter, in schmutzigen Sachen und hätte nichts und niemanden. Er erzählte begeistert seine Geschichte, wie er es als einfaches Waisenkind geschafft hatte, ein Geschäft mit dem Weiterverkauf von Mehl aufzubauen. Dass in seiner Villa in der Garderobe sechs italienische Anzüge hingen, während er hier in Sträflingskleidung stand. Wie seine Leidenschaft für Frauen ihn davon abgehalten habe zu heiraten, und dass er als »Playboy« gelebt habe, frei von allen Sorgen, aber nun auch ohne irgendjemanden, der ihm mal ein Päckchen oder etwas Geld ins Gefängnis schicken konnte. Hier war er wie einer von vielen: blank, ein fröhlicher Barfüßler. Nur war er, im Unterschied zu den anderen, Harun ar-Raschid, ein verkleideter Märchenprinz. Und daher lächelte er, während die ganze Hütte ihn ankleidete (sie fanden sogar eine Jacke und Stiefel), ihm zu essen brachten und Zigaretten anboten, und sagte: »Ihr habt Glück, Jungs. Ich habe noch einen Monat – sobald ich hier raus bin, werde ich euch als Erstes mit allem Nötigen versorgen. Ihr werdet leben wie die Made im Speck!«

Die Freude der Jungs war zurückhaltend, sie boten ihm Zigaretten an und sagten, sie täten es ohne jede Absicht – im Gefängnis gebe es nichts auf Pump oder Kredit, hier werde einfach geschenkt.

Trotzdem gaben sie ihm ihre Namen und Adressen, damit er leichter Päckchen schicken und den Angehörigen helfen konnte – für alle Fälle.

Als er – von der Hütte eingekleidet – rauskam, warteten sie zuerst auf den Keiler, dann hofften sie noch einen Monat. Und ganz sicher rechneten die, die noch da waren, nicht damit, dass sich die Schleuse öffnen und die vertraute, aber schon etwas abgewetzte Jacke und die bekannten Stiefel wieder hereinlassen würde, und dass er, nun schon weniger fröhlich, beim Anblick der bekannten Gesichter, etwas verlegen sagen würde: »Entschuldigt, Leute. Es ist ein dummer Zufall, aber ich bin wieder …«

54. Theatergruppe

Gewöhnlich gibt es weniger Schauspieler als Zuschauer, aber hier verhielt es sich genau umgekehrt: Alle versuchten, mit ihren Schauspielkünsten vor einem einzigen Zuschauer zu glänzen. Oder einer Zuschauerin – je nachdem, wer gerade Dienst auf dem Flur hatte. Was soll man auch tun, wenn es nichts zu tun gibt, und das monatelang, und du kannst nichts daran ändern.

Der Organismus kann sich an jede Lebenslage anpassen. Das Vernünftigste, was man tun konnte, war daher zu schlafen. Am besten wie die Faultiere, 17 Stunden am Tag. Dann verging die Zeit »wie im Flug«. Es gab nur ein einziges Problem: Schlafen war quasi verboten. Jeder, der bei dieser im Allgemeinen unschuldigen »Beschäftigung« erwischt wurde, konnte dafür in den Karzer kommen, und da war an Schlafen aus ganz anderen Gründen nicht mehr zu denken. Deswegen war schlafen trotz allem quasi unmöglich. Aber man durfte lesen. Woraus sich eine einfache Schlussfolgerung ergab: Solange die Person auf dem Flur denkt, du liest, kannst du in Wirklichkeit schlafen, und alle sind zufrieden.

Geschlossene Augen, Schnarchen oder das Fehlen eines Buches konnten einen verraten. Daher waren bestimmte Requisiten und Kulissen erforderlich sowie die Fähigkeit, seine Rolle sogar im Schlaf zu spielen. Jeder löste diese Aufgabe auf seine Weise. Die Einfältigen hielten das Buch, auf ihren Bauch gestützt, in den Händen. Wer etwas schlauer war, zog die Knie an und lehnte es gegen sie, so war die Gefahr nicht so groß, dass es umkippte. Einer baute sich auch einen Bücherstapel, gegen den er das offene Buch lehnte.

Aber geradezu genial war die Lösung mit der Zeitung, die an der obersten Pritsche hing. Es sah aus, als würde sie von unsichtbaren Händen gehalten, selbst dann, wenn die Person auf der Seite lag. Im Großen und Ganzen spielten in der örtlichen Theatergruppe aber alle ziemlich überzeugend.

Geweckt wurden sie durch das Klappern des Schnabels und das fordernde »Tock-Tock!«. Der Diensthabende eilte schlaftrunken herbei und antwortete auf die Frage »Was schlaft ihr?« mit heiserer Stimme: »Wir lesen!«

»Ihr lest nicht, ihr seid unverschämt. Ich beobachte euch jetzt schon drei Minuten! Nicht die kleinste Regung! Es hat nicht mal jemand umgeblättert!«

»Wir können nicht so schnell lesen…«

»Dafür könnt ihr anscheinend zaubern.«

Der Diensthabende drehte sich um und bemerkte, dass die Zeitung, die er in der Eile vergessen hatte, noch immer über seiner Pritsche schwebte.

55. Brad Pitt

Die Mode änderte sich ständig, aber was die Frisuren betrifft, hatte sie hier schon mehr als eine Saison überdauert. Man hätte sich alle möglichen Haarschnitte ausdenken können, aber dem Schnittmeister standen nur zwei Werkzeuge zur Verfügung – ein Rasiermesser und eine Haarschneidemaschine, und die auch nur, wenn man Glück hatte. Dafür konnte sich jeder in dem neuen Arbeitsfeld ausprobieren. Meistens war das Ergebnis so lala. Offensichtlich war sogar eine Kahlrasur gar nicht einfach. Erstens schien es von »blank« und »kahl« so viele Varianten zu geben, wie die Eskimos Wörter für die Schattierungen von Schnee haben. Zweitens waren die Haare und die Schädel… offen gestanden enttäuschend. Tja, und drittens konnte es einem beim Schneiden langweilig werden und die Konzentration ein wenig verloren gehen. Damit sie sich nicht allzu sehr langweilten, ließen sich die Friseurneulinge, bevor sie die letzten Haare von einem unvollkommenen Schädel rasierten, frei nach Talent und Geschick irgendetwas Lustiges einfallen. Manchmal gab es Klienten, die sich aus irgendeinem Grund an die Reste ihrer Haare und die Erinnerungen an ein anderes Leben klammerten. Sie stimmten der Prozedur nur zu, wenn der Friseur hoch und heilig versprach, dass alles gut werden und ihm noch Haare bleiben würden, und zwar nicht kleine Inseln, sondern ganze Kontinente.

Einer der Langhaarigen verpasste sich lange Zeit selbst einen Topfschnitt, und als es anfing, sehr komisch auszusehen, fügte er sich in das Unvermeidliche und erhielt von seinen Verwandten einen Brief mit Bildern, wie man richtig schneidet. Alle schauten es sich an: Es sah nicht besonders schwer aus. Unten so, oben so, und schon war man fertig, alles top! Man wählte den besten verfügbaren Schnittmeister, und er musste schwören, streng nach Anweisung zu schneiden.

»Keine Angst, mein Lieber! Du wirst aussehen wie ein Hollywoodstar.«

»Super! Mach mir eine Frisur wie Brad Pitt!«

»Kein Ding. Glatt wie Pitt!«

Die anderen machten es sich auf ihren Pritschen bequem, um zuzugucken und zu kommentieren. Er setzte sich auf die »Straßenbahn«... Und schon ging es los! Der Meister fluchte und tanzte mit der Haarschneidemaschine um ihn herum, die Zuschauer sparten nicht mit Kommentaren und stellten Hypothesen über das zu erwartende Ergebnis auf. Der eben noch Langhaarige wurde abwechselnd blass, rot und geriet ins Schwitzen... Die Haare wurden kürzer und kürzer... Dann kam der letzte Schliff des Meisters, und er verkündete zufrieden, aber in leicht schuldbewusstem Ton:

»Mein Lieber! Ich hab dir eine Hollywoodfrisur gemacht! Leider nicht ganz wie Brad Pitt... Aber was
soll's! Dafür wie Bruce Willis!«

56. Der Teemeister

Jeder nach seinen Fähigkeiten – jedem seine Pritsche!

In dieser Hütte wurden die Neuankömmlinge gefragt, worin ihre Superkraft bestehe, woraufhin man ihnen eine verantwortungsvolle Aufgabe übertrug. Ihn musste man gar nicht erst fragen: Beim Begrüßungstee erzählte er nicht nur, wie er hieß und warum er hier war, sondern aus irgendeinem Grund auch, dass er ein Teeexperte sei, d. h., er liebte und sammelte Tee.

»Oh! Du wirst unser Teemeister!« Sie freuten sich.

»Einverstanden!«, sagte er lächelnd. »Ich werde euer Teemeister.«

Er sagte es, als würde er sich dazu herablassen. Wahrscheinlich war er draußen irgendein hohes Tier gewesen. Schon am nächsten Tag machte er viel Aufheben um seine neue Position. Zuerst nahm er die »Bar« in Augenschein, wo der gemeinsame Tee stand. Er ging alles durch, schnupperte, rümpfte die Nase und erklärte entschieden, das sei überhaupt kein Tee. Weit entfernt. Daher bat er alle, ihre Taschen auszupacken und ihm allen Tee zu geben, den sie bereit waren der Allgemeinheit zu spenden, um abends in den Genuss eines göttlichen Tschifirs zu kommen. Das Volk setzte sich in Bewegung, und bald lag ein Stapel verschiedenster kleiner Päckchen vor ihm: großblättriger Tee und feiner Tee, Tee mit Zitrusschalen, Tee mit Bergamotte, Tee mit Kornblumen – alle möglichen Abarten von Tee. Er sagte, er würde aus diesen Zutaten eine besondere Mischung herstellen, da kaum guter Tee dabei sei, müsse er guten mit »erträglichem« mischen. Einige warfen ein, dass, wenn man ein Kilo Zucker mit einem Kilo Scheiße mische, am Ende zwei Kilo Scheiße herauskämen, aber er erklärte, die Witzbolde hätten keine Ahnung von Tee – das sei »etwas anderes«.

Die alten Hasen beobachteten erstaunt, wie der feine schwarze Tee (der einzige, den sie für den Tschifir verwendeten) mit allen möglichen großblättrigen Exotika gemischt wurde.

Schließlich war der ganze Tee in eine magische Mischung verwandelt, und dann kam – endlich – am Abend der heilige Moment des Aufbrühens und der Verkostung.

Man probierte und reichte den Becher mit dem göttlichen Tee in der Runde herum. Niemand sagte etwas. Nur der Letzte schaute starr vor sich hin und sagte schließlich:

»Du bist … kein Teemeister … Du bist ein verdammter Teeschänder.«

57. Inside

Die Tage in Gefangenschaft vergehen schnell, aber jeder für sich kann eine Ewigkeit dauern. Die Leute eignen sich daher eine wertvolle Fähigkeit an: Sie lernen, die Zeit totzuschlagen. Mit der richtigen Methode hat man am Tag nicht ein einziges Mal Zeit für trübselige Gedanken. Im Idealfall schläft man natürlich – dann vergeht die Zeit »wie im Flug«. Aber wenn einem kein Schlaf vergönnt ist, tut es auch jede andere Beschäftigung, bei der das Gehirn nicht mit jener Art von Gedanken beschäftigt ist, die einen traurig stimmen.

Die Glotze ist eine geniale Erfindung der Menschheit, bei der man sein Gehirn ausschalten kann. Die Produzenten der Fernsehinhalte scheinen zudem genau zu wissen, was die Menschen wirklich brauchen, und gestalten ihre Sendungen nicht nur so nutzlos wie möglich, sondern auch so fesselnd wie möglich, für Augen und Ohren. Man kann lachen und sich aufregen, völlig fassungslos sein, aber, wie es so schön heißt, die Katze lässt das Mausen nicht, und so war es in jeder Zelle.

Sie stritten sich einzig über ihre Vorlieben: darüber, welche der idiotischen Talkshows, Realityshows und Krimis man sich unter keinen Umständen angucken konnte und welche okay waren. Und da die Meinungen hier auseinandergingen, schauten sie einfach alles.

Das Gleiche galt für die Serien, die sich schneller vermehrten als die Kakerlaken. Hier konnte man unmöglich alles sehen, daher traf jede Zelle ihre eigene Wahl. Unbestrittener Spitzenreiter war aber die türkische Serie »Inside«. Wenn sich auf dem Weg zum Gericht die Bewohner verschiedener Hütten im »Sammelraum« trafen, hatten sie etwas aus der aktuellen Kunst zu besprechen: den schrillen Klang des Streichorchesters, die langen Einstellungen in den stummen Szenen, die unfassbare und hoffnungslose Dummheit der Figuren und ihre lächerlichen Namen.

Um das Ausmaß der inneren Beteiligung zu verstehen, muss man sich folgendes Bild vor Augen führen: Die Hütte hat sich versammelt, um die Serie zu gucken, und plötzlich geht bei den ersten Bildern des Vorspanns das Licht aus. Und zehn Leute starren in völliger Dunkelheit auf den leeren Bildschirm und skandieren, als wollten sie Dämonen beschwören:

»Çağatay Ulusoy«
»Aras Bulut İynemli«
»Çetin Tekindor«
»Mustafa Uğurlu«
»Nihal Koldaş«
… in der Serie »Inside«.

58. Dialog

Eine Sonnenfinsternis ist ein seltenes und spektakuläres Naturphänomen, das unsere Vorfahren in alten Zeiten gewaltig beunruhigen konnte. Das Ende der Welt in Shanghai,[20] den im Untergeschoss befindlichen Räumen des Untersuchungsgefängnisses, war für seine Bewohner ein unerwartetes Abenteuer.

Das Licht brannte Tag und Nacht, und als es eines Tages plötzlich ausging, stellte man erstaunt fest, dass durch das mit Stahlwimpern geschützte fensterartige Loch kurz unter der Decke, das in eine Betonnische, eine Art Schacht zu münden schien, selbst an einem hellen, sonnigen Tag fast kein Licht einfiel.

Die Augen gewöhnten sich, und man konnte einzelne Umrisse erahnen, aber das ließ das Geschehen nur noch rätselhafter erscheinen. Auf dem Gang, wo es überhaupt kein Fenster gab, war es offensichtlich stockdunkel. Die Aufseher machten sich gegenseitig Mut, indem sie sich über Funk verständigten oder irgendwie über den Flur tasteten und durch die dunklen Guckfenster spähten, die in die schwach beleuchteten Zellen führten. Vom Gang kam die Aufforderung, nicht zu schlafen, und in den Zellen lachte man über den guten Witz.

Doch wer zuletzt lacht, lacht am besten. Bald war es Zeit für das Essen, und im Schein der Taschenlampen reichte man vom Gang aus durch die dunklen Schnäbel Teller mit Suppe. Die Mahlzeiten waren schon im Hellen ein schwieriges Unterfangen, denn es gab nur drei Plätze am Tisch und neun Bewohner in der Zelle. Ohne Licht nahm das Ganze Züge einer dramatischen Realityshow an. In den besten Restaurants in London und Paris werden exquisite Speisen in völliger Dunkelheit serviert, um das Geschmackserlebnis zu steigern, aber das war kein Trost. Man befand sich nicht im besten Restaurant, und die Speisen waren nur in der Hinsicht »exquisit«, dass es sie in der Art sicher nirgendwo anders gab.

Nach dem Essen vertrieben sie sich die Zeit mit Ratespielen und Fragen aus der Quizshow »Was? Wo? Wann?«. Manchmal konnten sie die Antwort beim besten Willen nicht erraten, und der Fragende gab ihnen immer wieder Tipps. Dann kam der letzte Hinweis. »Es ist nicht nur der Name eines extravaganten Cocktails aus Cola und teurem Cognac, sondern auch der Name eines Dostojewski-Romans, der mit ›I‹ anfängt.« – »Der Idiot!!!«, brüllte die Zelle im Chor. In diesem Moment piepste auf dem Gang ein Funkgerät, und eine strenge Stimme antwortete: »Ich höre!«

59. Tag der Sonne

Gehen oder nicht gehen? Hofgang, ja oder nein? Diese Frage stellten sie sich jeden Tag. Es gab Befürworter und Verfechter auf beiden Seiten, und es wurden Debatten geführt, überzeugende und weniger überzeugende Argumente vorgebracht, die oft auf irgendwelchen Gefängnislegenden basierten, manchmal aber auch erst im Laufe der Diskussion erfunden wurden. Es kam vor, dass sich die Zusammensetzung der Fraktionen änderte: Die Hofgänger wurden zu Stubenhockern und umgekehrt. Und dann wieder andersrum.

Es gab einfach nicht viel Abwechslung, warum also auf die kleinen Freuden verzichten?

Nur einer blieb seinen Überzeugungen treu. Er erfand alle erdenklichen Gründe, um nicht auf den Hof zu gehen, manchmal war es schon ziemlich kühn. Er zauberte irgendwelche Atteste über verschiedene Krankheiten hervor, deren Symptome und Wirkweisen sich herumsprachen. Er blieb anstelle anderer Kranker, wenn es mehrere gab, und wenn es nur einer war, blieb er – wie es die Regeln vorsahen –, um nach ihm zu schauen. Das klingt sehr selbstlos, aber die Aufgabe bestand darin, zu gucken, dass sich keiner das Leben nahm oder an fremde Taschen ging.

Und natürlich war er der Wortführer der Stubenhocker-Fraktion und erhielt manchmal per Abstimmung das Recht, nicht nach draußen zu gehen – ohne jegliche Tricks.

Und nun stelle man sich die allgemeine Verwunderung vor, als er, nachdem er wieder einmal eine Wahl gewonnen hatte, plötzlich feierlich verkündete:

»Morgen ist Tag der Sonne, Leute!«

Daraufhin erklärte er, das Schlimmste am Eingesperrtsein sei, dass sie komplett von der Sonne abgeschottet seien und die Haut, ja der ganze Körper, darunter litten. Das sei gefährlich und dürfe nicht sein!

Die Fraktion der Hofgänger lauschte gebannt seinen Offenbarungen. Sie drückten die Daumen, hatten Angst, den neuen Anhänger zu verschrecken, und warteten auf den morgigen Tag der Sonne!

Am nächsten Tag schien tatsächlich die Sonne, sogar durch die Stahlwimpern des Pseudofensters konnte man ihre Strahlen erahnen.

Gleich morgens ging er zum Tisch, schenkte Wasser in den Becher und sagte feierlich:

»Leute! Alles Gute zum Tag der Sonne!«

Dann öffnete er eine gelbe Dose mit der Aufschrift D-40000 und nahm eine Tablette, die es einmal im Monat einzunehmen galt.

Nach draußen ging er natürlich nicht.

60. Der Tannenbaum

»Gleichstand. Jetzt liegt es an dir.«

Er spürte plötzlich seine eigene Bedeutung. Es gab ebenso viele Stimmen für wie gegen den Hofgang, und nun würde er, der Letzte, der noch nicht abgestimmt hatte, entscheiden, ob sie gingen oder nicht. Er wollte nach draußen. Aber noch mehr wollte er rauchen.

»Was ist, wer gibt mir eine Schachtel Zigaretten, dann stimme ich ab.«

»Geht's dir noch gut?«

»Mir ist es einfach scheißegal. Ich kann rausgehen oder auch nicht. Macht mir ein Angebot.«

Und fast wären sie schwach geworden und die Auktion hätte begonnen! Doch dann erklärte ihm einer ganz beiläufig die Demokratie.

»Deine Stimme entscheidet gar nichts.«

»Wieso? Es wird das passieren, was ich sage.«

»Jeder hier, der seine Meinung ändert, kann die Entscheidung beeinflussen, und es wird so, wie er sagt. Nicht nur du. Jeder.«

Während der, der seine Stimme zum Verkauf angeboten hatte, noch über diesen tiefgründigen Gedanken nachdachte, hatten zwei die Situation bereits erfasst und erklärten sofort, eine halbe Schachtel würde reichen, um sie umzustimmen.

»Okay«, lenkte derjenige, der das bewährte System gestürzt hatte, ein. »Ich habe meine Meinung geändert und möchte auf den Hof. Ende der Diskussion.«

Und so gingen sie bei minus 15 Grad Celsius an die Luft.

Der Hof war klein, aber es war trotzdem kalt. Nach fünf Minuten merkten sie, dass sie genug hatten, nach weiteren sieben Minuten wollten sie überhaupt nicht mehr. Aber auf den Höfen war niemand zu sehen, der Aufseher oder die Aufseherin führte entweder irgendwo anders Aufsicht oder wärmte sich einfach auf. Und der Hofgang dauerte laut Vorschrift zwei Stunden, und es gab keine Sonderregelung bei Kälte. Also fingen sie an zu rufen. Auf das klägliche »Bürger Vorgesetzter …« hin erschien niemand, der zaghafte Ruf hing kraftlos in der eisigen Luft über dem funkelnden Schnee.

Da erinnerte sich jemand an die magische Beschwörungsformel, die ihnen vor langer Zeit beigebracht worden war. So begann der disharmonische und unvollkommene Chor zu skandieren: »Wir! Wollen! Den Hofgang! Vorzeitig! Beenden!!!« Aber es klang nicht sehr überzeugend, und der Erfolg blieb aus.

Nach einer halben Stunde, in der sie von einem aufs andere Bein gehüpft waren, kamen sie zusammen und begannen zu singen. Über den Höfen erklangen aus allen Kehlen die Zeilen: »Das Weihnachtsbäumchen will nach Haus! Holt uns aus dieser Kälte raus!!!«

Dieser Hymne schlossen sich auch die armen Teufel der anderen Höfe an.

61. Der Duft

Man versuchte hier, nicht zu schnüffeln – es war nicht höflich und besser für einen selbst. Aber manchmal klappte es leider nicht. Dieser Fall war jedoch eine Ausnahme. Er trat ein, und mit ihm verbreitete sich plötzlich ein ungewöhnlicher Duft in der Hütte. War es der Geruch von Nadelbäumen oder Zitrusfrüchten? Der Geruch von Kiefern in den baltischen Dünen, der Duft der Orangen in den Hainen von Valencia? Es war nicht klar, was es war, aber er war großartig!

Erst später verstanden sie, dass es der Geruch war. Anfangs war es nicht klar. Er kam einfach herein, und alle merkten: irgendetwas war anders. Einige schnupperten unwillkürlich und füllten ihre Rezeptoren mit dem Geruch von Zigarettenrauch, verdorbenem Essen, ungepflegten Menschen und sogar ein Lebtag nicht gewaschener Kleidung. Letzteres war natürlich die Ausnahme, aber der Duft war besonders intensiv, oder besser gesagt: der Gestank besonders übel. Und dann roch es noch nach verbranntem Toilettenpapier und, die Wahrheit lässt sich nicht verschweigen, ein wenig nach dem, warum man es täglich verbrannte.

Aber in diesem Strauß von Gerüchen hatte sich unmerklich ein neuer Duft gemischt, der immer stärker und deutlicher wurde. Als die feinsten Nasen endlich die Quelle des neuen Geruchs ausfindig gemacht hatten, fragten sie ihn direkt:

»Hör mal, was riecht da so in deiner Tasche?«

Er antwortete ein wenig erschrocken:

»Die Wurst wahrscheinlich. Ich hab sie schon angeboten, aber sie wurde abgelehnt.«

»Nein, nicht Wurst! Irgendwie ungewohnt, nach Obst vielleicht?«

»Nein, kein Obst«, meinte er, und dann schien es ihm zu dämmern:

»Ah … Ihr meint … Gefällt es euch?«

Es stellte sich heraus, dass seine Freundin ihm einen Brief geschickt hatte, den sie »großzügig« in irgendein unbekanntes ätherisches Öl »getunkt« hatte.

Sie sagten, sie wollten den Brief sehen, der Geruch sei so angenehm. Er zuckte mit den Schultern und kramte in seiner Tasche. Er zog eine Tüte heraus, in der eine Tüte war mit einer Tüte darin, und am Ende aller Tüten – der Brief. So sorgfältig hütete nicht mal Koschei[21] sein Ei und seine Nadel. Die Tüten und der Umschlag wurden geöffnet.

Das Öl war über die Buchstaben des Briefes zerflossen wie Dalís Uhren. Alle rochen daran. Ihre Augen tränten ein wenig – entweder vor Glück oder …

Schließlich entschied der Erste von ihnen:

»Es riecht wirklich gut! Bitte tu es wieder an seinen Platz!«

62. Rezept

Mit dem zugeteilten Essen versuchte man es zu halten wie mit den Toten – man redete entweder gut darüber, oder man schwieg. Aber es funktionierte natürlich nicht. Manchmal waren die Gefühle stärker als der Verstand, und es entbrannte eine hitzige Diskussion, auch wenn man danach irgendwie damit leben musste.

»Was haben sie nur mit den Haferflocken gemacht, damit so was dabei herauskommt?«, empörte sich ein erfahrener Koch, der – wie es das Schicksal wollte – nun die Früchte der Arbeit seiner weniger begabten Kollegen ertragen musste. Die Frage blieb unbeantwortet, wer teilte schon gern seine Rezepte. In den teuren Sternerestaurants verriet auch niemand seine Rezepte, aber das hier war ein völlig anderer Fall. Die Feinheiten der Zubereitung wollten sie gar nicht wissen, aber bei einigen Gerichten interessierten sie sich doch zumindest für die enthaltenen Zutaten.

Zum Beispiel wurde oft darüber gestritten, »… aus was wohl, aus was wohl, aus was«[22] die Fischfrikadellen gemacht waren. Das heißt, eigentlich legte der Name die Antwort schon irgendwie nahe, aber erstens konnte man sich da nicht sicher sein, und zweitens war Fisch nicht gleich Fisch. Die Forschernaturen in der Zelle gingen von einem Nahrungskreislauf und einer abfallfreien Produktion aus. Böse Zungen unter den Feinschmeckern behaupteten, dass die Reste einer Kartoffelsuppe sich in alle möglichen anderen Suppen verwandelten, die Reste von Graupen in Rassolnik[23] – und Rassolnik, ja Rassolnik in die kläglichen Gurkenreste in der abendlichen Kartoffelsuppe.

Und zweifelsohne wurden aus den Fischresten am nächsten Tag wunderbare Fischfrikadellen. Die Skeptiker bezweifelten dies allerdings und führten Gegenargumente ins Feld: Angeblich kam es vor, dass es Kartoffeln mit Essiggurken gab, ohne dass es zuvor Rassolnik gegeben hatte, und Fischfrikadellen nach gebratenem Fisch, den man mit Haut und Haar verzehrt hatte (eine reine Redewendung).

Der Streit wurde durch einen Neuankömmling unterbrochen:

»Ich weiß, woraus die Frikadellen sind. Soll ich's sagen?«

»Ach, nicht nö… Mir ist schlecht…«, antworteten sie verstimmt. Aber er sagte es trotzdem:

»Ich wollte es auch immer wissen, daher habe ich beschlossen, sie zu zerlegen und es mir genau anzuschauen. Ich habe sie also zerlegt, und aus der Frikadelle schaut mich ein Auge an … Ein Fischauge! Also aus Fisch, definitiv.«

Das Interesse war verschwunden. Und der Appetit auch.

63. Gute Musik

Irgendwo da draußen weit jenseits der Mauern hörten sie vielleicht Rammstein und Megadeath, aber hier lernten sie schnell dazu. Niemand wunderte sich über willkürliche Stampfbewegungen, wenn sie einen Videoclip schauten, wenn sie mitsummten oder -brummten bei Songs wie »Du bist die Biene – ich der Bienenzüchter, ja, wir lieben Honig!« – nur bei der Nationalhymne wechselten sie den Sender: offenbar in Erinnerung an jene Orte, an denen die Hymne morgens um Punkt 6 Uhr ertönte und man sie nicht ausschalten konnte.

Das Glück eines Musikliebhabers wird wohl nie vollkommen sein, wenn er niemals auf die Möglichkeit verzichten musste, die Musik zu hören, die ihm gefällt, oder sogar darauf, überhaupt irgendwelche Musik zu hören.

So etwas wie »schlechte Musik« gab es hier nicht. Wenn sie auf einem der Fernsehkanäle plötzlich inmitten der zum Himmel schreienden Sendungen auf Musik stießen, hörten sie sofort zu, und wenn sich jemand beschwerte, zischten sie ihn an. Und natürlich diskutierten sie hinterher lange über das Gehörte.

»›…Geh, Liebe, und schau nicht zurück?‹ So? Oder ›Die Liebe ist kein Zaubertrick‹?«

»Nein. Es heißt ›...pass auf, du brichst dir das Genick‹.«

Sie diskutierten über einen Hit, der vor kurzem in ihrem Senderaum aufgetaucht war und dessen Text sie nicht genau verstanden, und es hätte noch ewig so weitergehen können, wenn nicht ein paar wissensdurstige Geister unter dem Clip den Titel gelesen hätten: »Geh und genieß den Augenblick«. Wer früher alle Hits der Beatles auswendig konnte, konnte hier nach ein paar Monaten Aufenthalt die gesamten Charts von »Russkoe Radio« herunterbeten, von »Tanz, Mädel« bis »Im Zimmer brennt kein Licht«.

Allerdings war das Radio weniger beliebt: Im Radio konnte man nicht die hübschen Mädchen aus den Musikvideos sehen, und das war schließlich Hauptbestandteil der guten Musik.

Einmal wurde das Beste der guten Musik, die freizügig entkleidete Vera Breszhneva, eilig ausgeschaltet mit dem Ruf: »Hört mal! Hört doch mal!«

Und bevor sich irgendjemand über ein solches Sakrileg empören konnte, hörten alle das Lied und erstarrten. Aus dem Frauentrakt ertönte durch Dutzende Wände ein verwegener Chor: »Ma-ma, ich bin verliebt! In ein Arsch-loch!!! Sag mir warum, weshalb, in ein Arsch-loch?!«

Das war lebendige Musik und die beste Musik überhaupt.

64. Das Bedürfnis

Es gab hier natürlich keinen Grund zur Eile, trotzdem bildeten sich manchmal Schlangen. In den großen Hütten versuchten viele, möglichst früh auf zu sein, um sich möglichst früh anzustellen und möglichst früh an jenen strategisch wichtigen Ort zu kommen – hinter den »Panzer«. Der Sanitärbereich hatte zwei Funktionen: Er diente nicht nur seiner eigentlichen Bestimmung, sondern auch als Ort zum Rauchen. Und am Morgen verlangte es einen natürlich nach beidem. Aber schön der Reihe nach. Dann stand hinter der Trennwand noch ein schneeweißes »Ururu«, das nicht nur einen zweifachen Dienst erfüllte, sondern noch vielseitiger zum Einsatz kommen konnte. Es gab auch noch eine kleine Zweigstelle des »Ururu« – ein Becken, das niemand als Lokus oder Lavoir bezeichnete, das aber auch als Kommunikationsmittel diente.

Gestern hatte über das kleine »Ururu« den ganzen Abend eine wichtige zwischenweltliche Konferenz stattgefunden. Heute Morgen sollte einer der Beteiligten gleich nach dem Frühstück (!) zusammen mit seinem Komplizen aus der Nachbarwelt vor Gericht gestellt werden, daher hatten sie gestern nach einem Brainstorming die Positionen festgelegt und die Rollen verteilt und auch noch ein bisschen über dies und das gesprochen.

Das war natürlich streng verboten, und es gab in der Untersuchungshaftanstalt sogar ein paar Zellen, die sich an das Verbot hielten. Entweder sie hatten überhaupt keine Möglichkeit zu kommunizieren, oder sie hatten es einfach nicht drauf.

Heute wachte der, der vor Gericht sollte, später auf als geplant. Er versuchte, sich an seinen Traum zu erinnern, aber es gelang ihm irgendwie nicht, er erinnerte sich nur, dass es etwas Wichtiges war, aber er wusste nicht, was. Murrend erlaubten sie ihm, dass er sich schnell außer der Reihe rasierte, weil er jederzeit abgeholt werden konnte – es hieß, dass das Gericht, wenn man schlecht rasiert war, unbewusst schnell mal ein paar Jahre mehr veranschlagen konnte.

Er rasierte sich, lief nervös auf den freien zwei Quadratmetern auf und ab und mischte dabei die Schlange auf … Und plötzlich blieb er stehen, erinnerte sich an seinen Traum – einen Albtraum. Offensichtlich hatten sie gestern nicht alles besprochen. Schnell klopfte er an die Wand, hinter der wahrscheinlich genauso nervös sein Kompagnon hin und her lief, und stürzte durch die Schlange zur ersehnten Tür:

»Leute! Lasst mich durch! Ich muss nur was fragen!«

65. Der Killer

Zum Killer wurde er erst hier, verurteilt war er nach einem völlig harmlosen Paragraphen. Aber unter den neuen Umständen und auf dem engen Raum zeigte sich sein Talent. In einer anderen Konstellation wäre vielleicht alles anders gekommen. Aber er verstand schnell: entweder er oder keiner. So wurde er zum Killer. Er saß auf der Lauer, und sobald er etwas bemerkte, sagte er:

»Ah, da bist du ... Jetzt hab ich dich!«

Oder: »Ah, verdammt ... ? Komm her!«

Oder:

»Halloo! So schnell kann's gehen!«

Oder sogar:

»Da hast du's! ... Bitte sehr! ... Und noch eine ...«

Hätten die Kakerlaken und übrigen Insekten, die seiner Vernichtungswut zum Opfer fielen, sprechen können, sie hätten sich wahrscheinlich irgendeinen schrecklichen Spitznamen für ihn ausgedacht. Aber da sie es nicht konnten, starben sie einfach nur reihenweise, und an ihre Stelle traten neue unzählige Heerscharen.

Natürlich kümmerten sich auch die anderen um die Herstellung des hygienischen Gleichgewichts, allerdings eher träge und leidenschaftslos. Sie konnten unglaublich langsam sein, suchten ein Stück Papier, zogen ihre Pantoffel aus oder bereiteten sich seelisch vor. Und während sie zögerten, verschwanden die Kakerlaken, die ohne Zweifel über telepathische Fähigkeiten verfügten, in den Ritzen beim Tisch oder hinter die »Bar«.

Er fackelte nicht lange, es kam sogar vor, dass er aufsprang, ans andere Ende der Hütte lief und seine Opfer fast im Sprung erlegte: »Ihaaaa!« Hätte er sich für jeden seiner Siege einen Stern auf die Pantoffeln gemalt, wäre dort längst kein Platz mehr gewesen.

Eines Nachts wurden sie durch Gepolter geweckt. Er stieß mehrmals die »Bar« gegen die Wand, offensichtlich im Zustand der Erregung. Ein Pantoffel zuckte kraftlos in der anderen Hand, die er hatte sinken lassen:

»…! Ich mach die Augen auf, und, …, da krabbelt sie! Also gut, …, denk ich. Mir entkommst du nicht! Und beinahe! Aber das Biest ist entwischt!!! Hat sich versteckt …!« Er rüttelte noch einmal an der »Bar«, aber die Kakerlake kam nicht aus ihrem Versteck.

Der Killer setzte sich an den Tisch, beruhigte sich ein wenig, zog seine Pantoffel wieder an und sagte dann etwas, das mitten in der Nacht ernst und bedrohlich klang: »Wenn ihr eine Kakerlake mit einem ausgerissenen Schnurrbart seht – rührt sie nicht an, sie gehört mir!«[24]

66. Koschei

Alle Menschen sind sterblich… Aber darum, das Treffen mit dem alten Sensenmann hinauszuzögern, kämpft sowohl die Menschheit als Ganzes als auch jeder Einzelne. All dies beunruhigte ihn sehr. Manch einer spricht gerne über Sport, der andere über Frauen und er – über Gesundheit! Er überfiel jeden Neuankömmling damit, so lange, bis er eine vollständige Anamnese hatte, und schrieb dann irgendetwas in sein Tagebuch.

Einmal traf es einen Arzt (wahrscheinlich kann man schon »ehemaligen« sagen). Er quälte ihn jeden Tag, bis dieser, zu seinem eigenen Glück, irgendwohin verlegt wurde. Und da keiner seiner Mitinsassen mit ihm seine Krankheiten besprechen konnte, musste er auf die Gesprächspartner des medizinischen Dienstes zählen, die regelmäßig vorbeikamen.

Nicht dass diese denselben Drang verspürten. Er schrieb nur jeden Tag einen Bericht an die Krankenstation, in dem er von seinen neuen Symptomen berichtete (die leider fast täglich auftraten) oder die Mediziner an ihre voreilig gemachten Versprechungen erinnerte, die sie nicht gehalten hatten:

»Wann machen Sie endlich ein Röntgenbild? Was, wenn ich eine Lungenentzündung habe? Und was ist mit dem Ultraschall, ich hab doch eine Verdunklung am Bauchfell! Und die Schmerz- und Kohletabletten? Haben die schon wieder irgendwelche bösen Knastbrüder gegessen?«

Er hatte immer irgendetwas zu berichten oder zu schreiben. Dabei simulierte er keineswegs, er achtete nur sehr genau auf seine Gesundheit, denn es war schließlich besser, einer Krankheit vorzubeugen, als sie zu behandeln. Und hier fand er heraus, dass es besser war, einmal zu schreiben, als hundertmal etwas zu sagen, oder noch besser: hundertmal zu schreiben. Und so begann er einen umfangreichen einseitigen Briefwechsel mit der Krankenstation.

Einmal kam eine Woche lang niemand bei ihm vorbei: Die Arzthelfer hatten Angst vor den von ihm beschriebenen Symptomen und gaben ihm nur eine Tablette, was ihm nicht reichte, und die Ärztin war im Urlaub. Doch dann kehrte sie zurück, kam herein und hörte sofort seine flehende Stimme: »Frau Doktor, werde ich sterben?!«

Und im Geiste noch halb in Ägypten (oder wo immer sie gewesen war), sagte die Ärztin laut und offenherzig:

»Sie? Und sterben??? Sie sind doch unsterblich!!! Wir haben Sie schon so was von kuriert, dass Sie noch ewig leben!!!!«

67. Weißer Faden

Hier wurde alles mit weißem Garn genäht, und das war keine Laune oder Modeerscheinung, sie bekamen einfach kein anderes Garn, aber die Kleider gingen natürlich trotzdem kaputt. Das Ritual, mit dem man Nadel und Faden herbeibeschwor, war bekannt: in einer mondlosen Donnerstagnacht, nach dem Regen… oder zu einem beliebigen anderen Zeitpunkt musste man die Zuständigen schriftlich darum ersuchen, und an einem Wochentag, wenn sie gerade gute Laune hatten, würde man das Gewünschte erhalten. Er kannte das Ritual, aber er wollte nicht nach weißem Garn fragen. Seine Lieblings- und einzige Hose hatte vor kurzem einen zusätzlichen Lüftungsschlitz bekommen, der zwischen den schwarzen Falten nicht besonders auffiel, aber das Nähen hätte sich gelohnt. Mit weißem Garn würde die Stelle allerdings zum absoluten Blickfang werden, und das wiederum lohnte sich nicht.

Nachdem er es auf dem einfachen Weg versucht (den Vorsteher ihres Traktes schriftlich darum gebeten) und die zu erwartende Antwort erhalten hatte, nämlich dass es weißes Garn gebe und man nicht pingelig sein dürfe, denn sonst gäbe es überhaupt keins, ging er zum komplizierten Plan B über.

Der Plan war auf einen Monat ausgelegt und setzte

voraus, dass seine Angehörigen mitdachten. Er schrieb von weißen und von schwarzen Fäden, beschrieb die Prozedur, erklärte, dass er zwar Garn haben dürfe, schicken dürfe man es aber nicht. Er schrieb noch alles mögliche unsinnige Zeug und bat schließlich darum, ihm schwarze Socken zu schicken – Socken waren eine gute Sache, und zumindest der Tradition wert, Geschenke darin zu verstecken.

Nach anderthalb Monaten wurden ihm die Socken endlich ausgehändigt. Sie waren schwarz, aber es war nicht die Farbe, die ihn am meisten interessierte. Er fuhr mit den Fingern in die Tiefe ... da war es! Im Inneren der Socke fand er etwa 50 Zentimeter schwarzes Garn. Hurra! Der Plan war aufgegangen!

Mit dem Gefühl, ein Projekt erfolgreich abgeschlossen zu haben, näherte er sich dem Schnabel, klopfte und schätzte die Situation ein. Der diensthabende Aufseher war ein »Guter«, und seine Laune schien auch gut zu sein: Er konnte also nach einer Nadel fragen, und auch nach einem Faden, damit die Sache nicht aufflog. Er fragte, wartete, und sie brachten es ihm ...

Er besah sich den Faden, den sie gebracht hatten, lächelte und dachte: »Wann ihnen wohl der weiße Faden ausgegangen ist, und seit wann sie nur noch schwarzen ausgeben?«

68. Das Grab

Sie unterhielten sich wieder einmal über die wichtigen Dinge des Lebens.

»Warum läuft bei uns kein TNT? Da kommen so viele tolle Serien!«

»Ich kann die russischen Serien nicht ertragen. Aber die gescheiten hab ich mir jeden Tag im Netz angeschaut, immer eine Staffel auf einmal.«

»Und was war deine Lieblingsserie?«

»›Game of Thrones‹ natürlich! Wie ein Film, nur in einzelnen Staffeln. Fantasy!«

»Fantasy – geht's da um diese außerirdischen Tierchen?«

»Nein, da geht's um Magie, Drachen, manchmal Elfen, Zwerge…«

»Ah, stimmt, das gibt's auch… Wer isst zu Abend?«

»Was gibt's denn heute? Guck mal nach!«

An dem bekannten Ort lag der vermutete Speiseplan ihres ungewöhnlichen Restaurants: Goldener Brei (Hirse in Milch), Haferflocken nach Bauernart (vermutlich auch in Milch), kernige Haferflocken, Häcksel… Aber zum Abendessen gab es nichts besonders Spannendes: Kartoffeln in irgendeiner Form – meistens »Kartoffelsuppe«. Nur die Hauptspeise unterschied sich. Da gab es Fisch – entweder gebraten (zwei große für drei Personen) oder Grabfisch (gekocht) oder Fischbuletten aus den am Vortag nicht aufgegessenen »Gräbern«.

Was das für ein Fisch war, der Grabfisch, wusste niemand. In Freiheit handelte es sich vielleicht um einen gewöhnlichen Stint oder eine Sprotte, hier war es ein Grab. An Tagen, an denen sie keinen großen Hunger hatten, wurde er kaum gegessen, obwohl sie ihn nicht ablehnten. Aber die daraus gewonnenen Fischbuletten oder selbstgemachte delikate Fischpastete aßen sie gern. Heute waren allerdings zwei »Keiler« angekommen, und der Grabfisch hatte keine Chance.

»Sollen wir Fischpastete machen? Wer hat Lust?«

Alle wollten Pastete, aber das Grab auseinandernehmen, die Gräten und Augen aus der Grabmasse entfernen und sie dann zusammenmischen, das wollte niemand. Jemand fasste das im Raum hängende Schweigen zusammen: »Wir sollten auf keinen Fall die Kartoffelflocken vergeuden! Und die Mayonnaise verschwenden! Es gibt so viele leckere Sachen! Kein Fisch heute …«

»Nicht heute?«, freute sich aus irgendeinem Grund der »Game of Thrones«-Fan. »Kann ich es dem Kalli[25] sagen?«

Sie zuckten mit den Schultern:

»Klar.«

Das »Auge« öffnete sich, und der Kalli fragte:

»Wie viel?«

»Was gibt's denn heute?«

»Kartoffelsuppe und Grabfisch. Also wie viel?«

Bevor er antwortete, drehte er sich noch mal in Richtung Hütte und fragte feierlich: »Was sagen wir zum Grab?« Und mit erhobenem Zeigefinger und bedeutungsvoller Miene antwortete er dem Kalli: »NICHT HEUTE!«[26]

69. Das kleine Ei

Bild Nr. 2. Das Bild ist von oben aufgenommen, von der obersten Pritsche, die etwa 2 bis 2,5 Meter hoch ist. Die Aufnahme zeigt einen schmalen Gang und einen an der Wand befestigten, etwa vierzig Zentimeter breiten Tisch, an dem drei Leute Platz finden. Die Kamera zeigt Knie und Füße – man sieht, dass vier Personen auf den Pritschen sitzen mit dem Gesicht zum Tisch. Sie schauen offensichtlich auf das, was dort liegt. Genau in der Mitte des Tisches liegt auf einem bunten Wachstuch, das aus dem hiesigen »Laden« stammt, ein weißes Hühnerei, das im Vergleich zum Tisch und zudem aus 2,5 Metern Höhe sehr klein wirkt.

Das ist alles, die Augen, die das Ei betrachten, sind außerhalb des Bildes. Man kann nur Vermutungen anstellen, aber man sollte bedenken, dass Eier normalerweise in keiner Form erhältlich sind und die Haftzeit sehr lang sein kann. Und dass es in der Zelle viele Menschen gibt und nur ein einziges Ei. Aber es würde wohl kaum jemand den glücklichen Besitzer eines Eis beneiden, denn Eier bekommen nur diejenigen, die auf Diät sind, und eine Diät ist normalerweise nichts Gutes.

Ich weiß nicht, wie der Betrachter das Bild versteht, aber so ist es nun einmal aufgenommen.

Übrigens, nur nebenbei, das Ei ist natürlich gekocht,

das erkennt man, wenn man es dreht. Hauptsache, man lässt es nicht aus Versehen fallen oder macht es kaputt, denn das Ei ist nicht einfach ein Ei, sondern ein ganz besonderes Ei.[27]

70. Walhalla

Schreibt man einem Mädchen, und es antwortet nicht, ist es eindeutig Liebe – wobei es auch das Gegenteil sein kann: Gleichgültigkeit – oder der Zensurio hat den Brief einfach weggeschmissen. Wenn man dem Kammerjäger der Haftanstalt schreibt und um Mäusefallen bittet, aber keine Antwort erhält, ist die Sache ebenfalls klar: Es liegt alles in deiner Hand.

Was sie zur Hand hatten, war eine Plastikflasche, und sie zerbrachen sich den Kopf darüber, wie sie die Maus darin fangen könnten. Das Mäuschen war offen gestanden nicht ganz richtig. Wenn es nur die gemeinsamen Vorräte gegessen hätte, wie alle anderen... Aber nein, das Biest stöberte schon zehn Minuten nach Zapfenstreich in den Taschen herum. Morgens kontrollierten sie alle ihre Taschen, aber konnten nicht herausfinden, wo es gewesen war. Das heißt, alle sahen nach bis auf einen: den stolzen Besitzer einer besonders modernen Tasche. Er behauptete, seine Tasche sei wie die von einem Marinesoldaten, man käme nicht mal mit einem Messer hindurch. Entweder die Maus wusste das nicht, oder sie war ohne Messer mit der Tasche fertig geworden, aber als sie die Tasche des Marinesoldaten öffneten, kam ein Mäusenest zum Vorschein. Die Mäuse machten dort schon lange, was sie wollten. Die Haferflocken hatten sie ignoriert, aber die Fertignudeln gegessen. Klein, aber oho!

Trotzdem musste man sie fangen. Und der Plan war einfach: eine Krümelspur zur Flasche legen und das Beste – hinein. Die Idee war, dass die Maus sich beide Backen vollstopft, selbstvergessen in die Flasche klettert, und dann – dadaaa, war sie gefangen!

In der Theorie sah alles ganz gut aus, aber in der Praxis gab es zwei Probleme: Erstens, die Maus raschelte lieber in den Taschen herum, und zweitens schliefen sie nachts leider ein. Aber mit Geduld und Spucke und einer Portion Glück würde es schon klappen. Und siehe da, mitten am helllichten Tag bückte sich der Oberjäger, nachdem er ein Rascheln gehört hatte, nach der Flasche, sie hörten ein Poltern, und er verkündete freudig: »Na bitte!«

Die Maus war in die Falle getapst. Sie beschlossen, sie als Haustier zu adoptieren: In die Flasche wurden Luftlöcher gestanzt, und wenn die Maus anfing, sich zu langweilen, gaben sie der Flasche einen sanften Schub. Die Maus schätzte ihre Lage ein und war so überwältigt, dass sie nach einer Stunde ihre winzigen Pfoten ausstreckte – sie war tot.

Die Beisetzung fand umgehend im kleinsten Kreis der engsten Vertrauten im Sanitärbereich statt. Die tote Maus stürzte in einem Strudel in die unterirdischen Gewässer, man warf ihr, nachdem man geraucht hatte, ein Streichholz nach. Beerdigt wie ein Wikinger, machte sich die Maus auf, Fertignudeln in Walhalla zu fressen.

71. Schalentopf

»Hör zu, wenn es keine Mühe macht, schau doch mal, was es heute zu Mittag gibt…«

Das Mittagessen ließ sich anhand des einzigartigen »Speiseplans des SIZAM-Sanatoriums«[28] vorhersagen. Um Ausschreitungen zu vermeiden, konnte der Speiseplan nicht an die Wand gehängt werden und fristete ein tristes Dasein in den Tiefen der Tasche desjenigen, der ihn verwahrte. Der Hüter des Speiseplans stöhnte: »Klar, macht keine Mühe«, kroch unter seine Pritsche, holte die Tasche hervor, wühlte keuchend darin herum, holte den Speiseplan heraus und machte dann alle Schritte noch einmal in umgekehrter Reihenfolge…

Bevor sich der Hüter des Speiseplans wieder zur Wand drehte, brummelte er: »Schalentopf!«

»Schalentopf, Schalentopf … Was konnte das sein?« Die Antwort lag ihm auf der Zunge, aber er kam nicht drauf, und es war ihm irgendwie unangenehm, zu fragen und den anderen noch einmal zu belästigen. Daher versuchte er, sich zu erinnern, was es alles auf dem Speiseplan des Sanatoriums gab.

Er erinnerte sich gut an die Suppen. Dann gab es noch Breis und die Abendmahlzeiten. Mit den Suppen war es ganz einfach – Rotebeetesuppe, die vage an Borschtsch erinnerte, Suppe mit Erbsengeruch, Pseudorassolnik und eine säuerliche Art von Schtschi. Bei den Porridges war es auch mehr oder weniger klar: Hafer in verschiedenen Formen (genauer gesagt, grober Hafer in unterschiedlicher Gestalt), goldener Porridge, der eigentlich weiß war, und »Häcksel« (übrigens, was da zerhäckselt wurde, konnte niemand genau sagen, was oft zu Streit führte).

Schalentopf war also irgendein Abendgericht... Das war Unsinn, denn Suppe gab es zum Mittagessen, also hatte der Hüter des Speiseplans entweder etwas Falsches gesagt oder den Hauptgang genannt. Wie auch immer, er konnte nicht aufhören, an den Schalentopf zu denken, und stellte sich vor, dass es sich um ein nie dagewesenes Gericht handelte. Was war wohl darin? Spargel? Knusprige Hühnerhaut? Gebratene Rinderzunge in Teriyaki-Sauce?

Das konnte natürlich nicht sein, aber er beschloss, den Schalentopf unbedingt bei der ersten Gelegenheit zu probieren.

Als ersten Gang gab es Rassolnik. Und den wenigen Begierigen reichte man durch den Schnabel Schalentopf. Wie sich herausstellte, war es auch eine Kartoffelsuppe, aber eine besondere – es schwammen Gurkenschalen darin – offensichtlich ein Relikt des Rassolniks.

72. Das Tattoo

Als er aus dem Untersuchungsgefängnis hierher verlegt wurde, sah er aus wie eine griechische Statue. Dort kamen 14 Mann auf 12 Pritschen, alle fröhliche Barfüßler, sie hatten immer alles bis zum letzten Krümel aufgegessen und die Kakerlaken verhungern lassen. Hier fand er sich in einer Hütte, in der fast alle warm saßen, und so spielten sie Schach um Lachs: Wer verlor, aß den Lachs, damit er nicht verdarb.

Und er rettete sie natürlich alle. Er aß nicht nur alles, was sie ihm anboten (daher wurde das Essen nicht mehr schlecht), sondern auch ausnahmslos alles, was man ihnen durch den Schnabel reichte: Porridge, Kartoffeln, Suppen und sogar Grabfisch. Dieser Kampf mit dem Essen hatte definitiv etwas Heroisches, aber er erklärte immer: »Im Gefängnis muss man alles nehmen: Essen, Licht, Wasser – alles ausschöpfen und ihnen nichts überlassen!!!« Und das tat er! Seine Mühen trugen bald Früchte. Die Frucht wuchs, schwoll unter seinem Pullover an und versuchte, sich unter den zu klein gewordenen Hemden hervorzurollen.

Er klopfte sich auf den Bauch und teilte seine Weisheit: »Wir kommen alle ins Lager. Was nehmt ihr dahin mit? Richtig: Kippen, Tee … Und alles, was ihr hier ansammelt. Je mehr, desto besser. Ein Lager ist ein Lager, da kommt einmal im halben Jahr etwas an. Außerdem können sie euch alles wegnehmen. Und viel kann man eh nicht mitnehmen. Ich bereite mich auch aufs Lager vor! Ihr sammelt in eure Taschen – ich in meinem Bauch! Und bei keiner Durchsuchung der Welt wird es mir jemand wegnehmen! Und in keiner Hütte! Alles, was ich habe, trage ich bei mir. Und in schweren Zeiten laufe ich nur auf Grund, während die wandelnden Gerippe alle zugrunde gehen!«

Er hatte schon vergessen, dass er selbst eine magere griechische Statue gewesen war! Jetzt war er definitiv vorbereitet auf schwere Zeiten – eine moderne Version des Diogenes, der in einer selbstgebauten Tonne aus Fett lebte. Und als der Typ mit der – aus einem Elektrorasierer gebauten – Tätowiermaschine vorbeikam, bat der neue Diogenes darum, ihm auf seinen ausladenden Bauch die ewigen Worte zu stechen:

OMNIA MEA MECUM PORTO

73. Der Diensthabende

Sie stritten sich wieder über das Alphabet. Es ging darum, nach welcher Version des Alphabets der heutige Diensthabende bestimmt werden sollte. Anscheinend, aber sie waren sich nicht sicher, kam in der Version, nach der sich der Traktvorsteher richtete, das D vor dem B – zumindest nach der Erfahrung der letzten Wochen. Und jetzt stritten sich die beiden glücklichen Besitzer der Nachnamen mit D und C, wer von ihnen heute Dienst hatte. Die anderen versuchten zu helfen.

»Wir machen doch Dienst nach dem Alphabet?«

»Nein!«

»Sondern?«

»Wir machen Dienst, wie es in ihrem Buch steht!«

»Aber sie richten sich nach dem Alphabet?«

»Angeblich, ja. Das Problem ist, dass sie das Alphabet nicht kennen.«

»In ihrer Wachstube steht es. Beim letzten Mal, erinnerst du dich? Ich hab herausgefunden, dass sie das ›D‹ und das ›C‹ verwechselt haben und einen Tadel bekamen. Aber in der Wachstube liegt das Alphabet unter der Glasplatte auf dem Tisch.«

»Und? Haben sie sich letztes Mal nach dem Alphabet unter der Glasplatte gerichtet? Und ist es richtig?«

»Ja, es ist richtig. ›D‹ hat Dienst.«

»Und wenn sie diesmal wieder? Ich meine, wenn sie es wieder durcheinanderbringen und sich diesmal nach dem richtigen Alphabet richten und es ist ›C‹? Sollen wir fragen?«

Der, dessen Nachname mit C begann, lächelte aus irgendeinem Grund und sagte: »Okay, ich frag!«

Er ging zur Tür, klopfte, und als sich der Schnabel öffnete und der Wärter ungehalten fragte: »Was gibt's?«, antwortete er wie aus der Pistole geschossen:

»Bürger Vorgesetzter! Sagen Sie mir bitte! Mit welchem Buchstaben fängt der Diensthabende an? Mit ›D‹, oder?«

Der Aufseher zögerte etwas, antwortete dann aber doch:

»Der Diensthabende – mit ›D‹ natürlich!« – und mit einem Knall schloss sich der Schnabel.

Die Frage war geklärt.

74. Der Zensurio

Niemand hatte ihn je gesehen, und niemand wusste, wer er oder sie war und wo er sich befand. Aber irgendwo in diesen Mauern hauste ganz sicher der schreckliche Zensurio. Anders als die Zensurionen im alten Rom, die, wenn es sein musste, mit Leichtigkeit dezimieren und jeden zehnten Legionär für ein Vergehen hinrichten konnten, konnte der Zensurio das offiziell nicht. Aber in Wirklichkeit konnte er sogar jede einzelne Postsendung vernichten, denn er befand sich außerhalb der Zeit und außerhalb jeder Kontrolle.

Irgendwo ganz in der Nähe, vielleicht im kalten Badehaus des alten Schlosses, befand sich das Kabinett des Zensurio. Der Zensurio saß an einem verstaubten Eichentisch und las Briefe. Er runzelte die Stirn und sagte: »Nein, der nicht.« – und dann landete der Brief im Kamin. Oder andersrum – er lächelte und rief mit einem kleinen Glöckchen den kleinen Postboten herbei, der die Briefe zu den kleinen unglücklichen Familien brachte...

Nein! Es war alles ganz anders! In Wirklichkeit würfelte der Zensurio oder zog wahllos Briefe heraus und warf sie in den Kamin. Na und? Wehe den Unglücklichen!

Im Reich des Zensurio gab es eine Raum-Zeit-Anomalie: Manchmal kamen die Briefe, die man an die Nächsten schickte oder von ihnen erhielt, innerhalb von zwei Tagen an, manchmal innerhalb von zwei Monaten und manchmal überhaupt nicht.

Die Briefe wurden von den Dienern des Zensurio gebracht. Auf alle wütenden Fragen antworteten sie: »Wir tragen die Briefe nur aus, wir lesen sie nicht, wir wissen nicht, wo eure Briefe sind und warum eure Angehörigen euch nicht schreiben – das wisst ihr besser.« Aber da man nur sie mit den Briefen sah, wuchs der Verdacht, dass es sich bei diesen schüchternen Wesen um den Zensurio handeln könnte.

Alles im Leben vergeht, auch das hier. Und dann, wenn alles vorbei ist, wird der Zensurio die rettende Blackbox sein, durch die Schrödingers Briefe gingen:

»Warum hast du mir nicht geschrieben?«

»Ich hab ganz oft geschrieben!«

Oder:

»Warum hast du uns nicht geantwortet?«

»Ich hab alles beantwortet! Vielleicht war es der Zensurio?«

Und selbst, wenn es nicht ganz so war, wird der schreckliche Zensurio über die Beziehungen zu den Menschen wachen, die einem teuer sind, auch wenn sie nicht geschrieben haben. Er wird die Schläge einstecken und sie verteidigen, genauso wie er jetzt über irgendetwas wachte, man wusste zwar nicht, über was, aber offenbar war es auch etwas Wichtiges.

75. Gimli

Von irgendwo ertönten widerhallende Schläge, und wenn man die Hand an die Wand legte, konnte man spüren, wie die Wände zitterten.

»Zertrümmern sie das Gefängnis?«, fragte jemand voller Hoffnung.

»Nein, TeKo.«

»Was?«

»Was schon! TeKo!«, erklärten sie es ihm freundlicherweise noch einmal.

Die Türen klapperten, als der Riegel aufgeschoben wurde, und die Gefangenen fielen wie überreife Kokosnüsse von den Palmen: Die Herren Vorgesetzten begrüßte man im Stehen, in aufrechter Haltung, die Hände hinter dem Rücken, nicht lässig auf der Pritsche liegend.

Die Türen wurden weit geöffnet. Auf dem Flur war ein ganzer Aufmarsch von Leuten: alle groß, grün gefleckt, mit schwarzen Masken und Schlagstöcken. Sie hatten sich in einer Art Keilformation aufgestellt, wie die Teutonen auf dem Eise oder die Avengers aus dem Marvel-Universum, als stürmten sie in die entscheidende und vielleicht letzte Schlacht.

An der Spitze der Formation stand ein kleines Männlein, ein paar Köpfe kleiner als alle anderen. Es hielt einen riesigen Holzhammer in der Hand, hätte man ihn auf dem Boden aufgestellt, er hätte ihm sicher bis zum Kinn gereicht.

»Alles raus! Technische Kontrolle!«, sagte der Anführer des tarnbekleideten Kommandos leise, aber so klar und deutlich, dass es jeder hörte.

Sie wurden hinausgeführt und an der Wand aufgestellt, aber sie konnten sehen, was in der Hütte vor sich ging. Das finstere kleine Männlein schlug mit aller Kraft mit seinem Hammer gegen alles, was aus Eisen war – die Pritschen, den Tisch, das Gitter und die stählernen Wimpern. Es klirrte und donnerte mächtig, wahrscheinlich ließ sich anhand des Geräusches feststellen, ob es irgendwo Risse gab.

Vielleicht gefiel es ihm aber auch einfach nur, auf das Metall einzuschlagen, bis der Putz rieselte und aller möglicher Dreck runterkam. Gegen die Wand gelehnt, fragte einer den anderen:

»Wer ist das mit dem Hammer? Thor?«

»Nein!!! Das ist Gimli, der Sohn des Glóin!«

76. Liegewagen

»Mir gefällt es auf der mittleren Liege«, drang es von dem Gespräch nebenan an sein Ohr.

Er schaltete sich sofort ein, ohne Umschweife, wie es immer dann passiert, wenn es schrecklich langweilig ist und sich plötzlich die Gelegenheit auftut, jemanden zu korrigieren oder eine Bemerkung zu machen. Manchmal kann aus einem unschuldigen Kommentar ein prächtiger Streit um nichts entstehen, bei dem die Wahrheit untergeht und die ganze Hütte beteiligt ist.

Er schaltete sich ein und sagte träge:

»Erstens, nicht auf der Liege, sondern auf der Pritsche. Falls du es noch nicht weißt: Wir schlafen auf Pritschen. Den wievielten Monat bist du schon hier?«

»Erstens, es ging um einen Zug. Und hier bin ich den dritten Monat.«

»Ach so, um einen Zug... Wir sind hier auch, wie im Zug, unterwegs... Nur haben wir Pritschen, nicht Liegen, aber sonst...«

Die Analogie gefiel ihnen, und sie spannen sie weiter, fielen einander ins Wort und ergänzten:

»Unser Waggon hat Abteile. Manchmal aber auch nicht, wenn man Pech hat.«

»Wir kommen genau da wieder an, wo wir losgefahren sind. Dafür fahren wir lange! Nur Tee bringt der Zugbegleiter selten vorbei…«

»Dafür gibt es dreimal am Tag Essen aus dem Speisewagen.«

»Und die Mitreisenden kommen und gehen.«

»Und die Schaffner sind so fürsorglich! Sie schicken einen abends ins Bett und wecken einen morgens wieder auf. Nur tagsüber lassen sie einen nicht schlafen, damit einem nachts nicht langweilig ist.«

»Du hast was vergessen! Sie putzen auch einmal die Woche und teilen frische Bettwäsche aus.«

»Ich verstehe nur nicht, warum ich, wenn wir im Liegewagen fahren, schon den dritten Monat auf der Gepäckablage schlafe. Und wie bedient man eigentlich die Notbremse?!«

»Das Gepäck ist nicht befugt, die Notbremse zu ziehen.«

»Dann sag mir, wie man in ein Einzelabteil kommt?«

»Schick den Wärter zum Teufel. Dann bringen sie dich hin. Und du kannst allein die Zeit totschlagen.«

Es ratterte, als ob sich der Zug in Bewegung setzte. Aber das waren natürlich nicht die Wagen, die aneinanderstießen, es war das Öffnen der Schleuse. Und an einen der Mitreisenden richteten sich die ersehnten Worte: »Zum Ausgang, mit allen Sachen!«

Entweder war er an seiner Station angekommen, oder sie brachten ihn einfach in einen anderen Wagen, damit er sich weniger langweilte.

77. Nicht von Interesse

Man konnte es sanft oder grob tun, demonstrativ oder heimlich, mit einem warnenden Scheppern oder ohne Vorspiel. In der Regel hörten sie das Geräusch der Metallscheibe auf dem abgenutzten Ring und konnten sich vorbereiten: eine lässige Haltung einnehmen oder sich sogar umdrehen und mit durchdringend ehrlichem Blick in das »Auge« gucken.

Aber manchmal öffnete sich das Auge wie von Zauberhand, und dann hörten sie, nach einem misslungenen Kontrollblick, nur das Geräusch der zurückfallenden Scheibe, wie das verspätete Echo eines Schusses, oder (wenn das Auge etwas Interessantes erblickt hatte) das Öffnen des Schnabels.

Heute Morgen um 8 Uhr kamen die Sterne[29], und hinter ihnen erspähten sie eine neue Aufseherin. Jeder sah sie mit seinen eigenen Augen. Und dann diskutierten sie natürlich darüber. Darüber, dass sie blond war, waren sich alle einig. Bei den anderen herausstechenden Eigenschaften gingen die Meinungen auseinander. Natürlich stritten sie sich wie immer über die Größe. Sie waren sich einig, dass sie noch völlig unerfahren war und man sie besser kennenlernen und ihr irgendwie zeigen musste, dass sie im Grunde tolle Kerle waren.

Bei der letzten Schicht hatte man sie durch das Auge ganz schön rangenommen. Es hatte den Anschein, als würden sie dem Burschen interessante kleine Videos vorführen: Sie sprangen alle fünf Minuten auf, und er schaute jedes Mal eine Ewigkeit geheimnisvoll durch das Auge und schwieg.

Sie überlegten, was sie tun könnten, um die Neue, die nach dem Voyeur kam, ein bisschen zu unterhalten. Die Alteingesessenen meinten, wenn man eine Seifenblase machte und sie vor das Auge hinge, sähe sie alles auf dem Kopf – wäre das eine hübsche und angenehme Überraschung? Es gab auch noch andere, gewagtere Varianten. Es galt nur noch, die zeitlichen Abstände der Kontrollblicke zu bestimmen und bereit zu sein.

Kurz vor dem abendlichen Schichtwechsel kam die bittere Erkenntnis, dass es nicht nötig war, vorbereitet zu sein. Es hatte schon alles gegeben, aber noch nie hatte eine Frau so viele Männer auf einmal gekränkt. Sie hatte den ganzen Tag über nicht ein einziges Mal geguckt! Sie waren ihr absolut egal.

Das war ungewohnt und irgendwie schmachvoll.

78. Shavasana

»Sie da. Zweite von rechts auf der zweiten Etage …
Sie – ja, Sie! Warum drehen Sie Ihren Kopf so und
schauen sich um? Los, kommen Sie her! Ja, Sie! Wer
denn sonst?!«

Im Grunde hätten sie auch noch einige andere raus-
ziehen können. Nach dem Frühstück um sechs Uhr
morgens war der Schlaf so süß! Insbesondere wenn
man um sechs nicht aufgestanden war, sondern ohne
wach zu werden von unter der Decke auf die Decke ge-
krochen war. Sie hätten fast jeden rufen können, außer den Diensthabenden, der missmutig seinen Kaffee
trank, aber sie riefen gerade ihn. Anscheinend war seine
Pose am wenigsten überzeugend gewesen. Eigentlich
war es verständlich. In seiner Unverfrorenheit hatte er
keine Zeitung an die Pritsche gehängt, nicht versucht,
ein dickes Buch in Balance zu halten, ja, es nicht einmal
neben sich gelegt und sich auf die Seite gedreht. Er lag
einfach wie tot auf dem Rücken.

Eine unerhörte Frechheit! Daher suchte er jetzt nach
seinen Latschen und tappte zum Schnabel, während er
darüber nachdachte, was er wohl auf der Pritsche gemacht hatte.

»Nachname?« Er sagte seinen Namen.

»Ihnen ist klar, wofür ich Meldung erstatte?«

»Nein, Bürgerin Vorgesetzte.«

»Sie haben geschlafen!«

»Iiich?« Er versuchte, die größtmögliche Verwunderung in das langgestreckte »I« zu legen.

»Wer sonst? Ich vielleicht?«, kam es empört durch den Schnabel.

»Aber wie kommen Sie darauf, ich habe Yoga gemacht.«

»Sie haben einfach nur dagelegen, völlig regungslos, und geschlafen.«

»Das stimmt nicht! Ich habe Shavasana praktiziert. So heißt die Totenstellung. Ich habe meditiert.«

»Das ist nicht erlaubt. Nicht tagsüber!«

»Aber es ist eine spirituelle Praxis, die zu meiner Religion gehört. Es ist erlaubt, religiösen Handlungen nachzugehen.«

Es half alles nichts! Um besser meditieren zu können, wurde er nach zwei Tagen in die Einsamkeit des Karzers geschickt.

Er hoffte naiv auf Shavasana, aber tagsüber klappten sie die Pritsche hoch, und als er darum bat, ihm ein Umfeld für seine religiöse Praktik zu schaffen, empfahl ihm der Traktvorsteher, sich in der Stellung des Baums zu üben.

79. Horoskop

Im Fernsehen liefen keine Comedyshows, aber das Horoskop war ein würdiger Ersatz. Nichts war hier so unterhaltend wie das Verlesen der erstaunlichen Möglichkeiten oder vielen schrecklichen Risiken, die der kommende Tag mit sich bringen würde. Wenn man weiß, dass der nächste Tag genauso verläuft wie der vorherige, ist es unwahrscheinlich, dass sich etwas ändert, selbst wenn der Mond im Saturn steht.

»Die Sterne sprechen!«, verkündete die Moderatorin, und sie amüsierten sich über die lächerlichen Versuche, den Willen der Sterne zu interpretieren. Probleme bei der Arbeit, sagen Sie? In fünf Jahren vielleicht! Eine einzigartige Chance auf die Entwicklung einer romantischen Beziehung?! Nein danke, liebe Sterne. Bloß nicht hier.

Im Grunde konnten sie auch ohne jedes Fernsehmedium mit den Sternen kommunizieren. Die Sterne kamen jeden Tag planmäßig zu ihnen: um acht und um neun Uhr, einmal morgens, einmal abends. Wenn die Sterne irgendetwas vorhersagten, trat dies in jedem Fall ein: ein großes Haus, ein weiter Weg ... Diese Sterne täuschten sich nicht und warfen ihre Worte nicht in den Wind. Anders als die Horoskope sprachen sie wenig und nur zur Sache.

Eines Tages sahen sie in der morgendlichen Fernsehshow einen geladenen Gast, irgendeine berühmte lokale Astrologin. Das Publikum war schon vorbereitet und eingestimmt. Um sechs Uhr morgens starrten alle Widder und Zwillinge aus ihrer Hütte in die Glotze, um Pläne für den Tag zu schmieden.

Und so verkündeten die zwei lebensfrohen Moderatorinnen den zehn rasierten Männern: »Wir begrüßen alle, die heute wie wir mit den Hähnen[30] aufgestanden sind!«

Die rasierten Männer sahen sich vorsichtig und etwas angespannt um und lachten dann leise auf. Aber als die Astrologin sagte (war es zu den Fischen?), dass sie sich heute um nichts sorgen müssten, denn »die Sterne sind auf Ihrer Seite«, hielt sich niemand mehr zurück. Die Sterne waren immer auf ihrer Seite, aber auf ihre ganz eigene Weise.

80. Das Beste

Der Gang in der Zelle war lang und gerade – von der Schleuse bis zum Fenster. Auf dem Gang hockten hintereinander fünf Menschen – eine sehr merkwürdige Raupe, mit fünf Köpfen und zehn runden Augen, die durch den offenen Schnabel starrten. Dort ging etwas Ungewöhnliches vor sich: Der Aufseher hatte selbst die Schöpfkelle in die Hand genommen, und es sah aus, als wollte er sie mit eigenhändig ausgeschenkter Suppe beehren.

»Was geht da vor?«, fragte der Sechste, der nichts sehen konnte, obwohl er sich von der oberen Pritsche beugte.

»Es sieht so aus, als würde er uns Borschtsch auffüllen und nach Fleisch fischen.«

»Woher diese plötzliche Liebe?«

»Sei still, erschreck ihn nicht!«

Der Aufseher hantierte mit einer langen Kelle in einem großen Kessel herum. Fleisch herauszufischen war nicht so einfach, fand man etwas auf dem Teller, war das ein äußerst seltenes und höchst erfreuliches Ereignis. In der Regel war das einzig Interessante und Erfreuliche, was man fand, ein Lorbeerblatt. Es bedeutete, dass man einen Brief bekam oder bald ein Gerichts- oder Ermittlungsbescheid eintreffen würde.

Das Omen bewahrheitete sich übrigens früher oder später, was seine Zuverlässigkeit bestätigte. Bei einem hatte es sich schon erfüllt: Nachdem er im November ein Lorbeerblatt gefunden hatte, wurde er im Juni schließlich zum Ermittler gerufen.

Aber der Aufseher suchte offenbar im Kessel kein Lorbeerblatt, was seine Aufgabe erschwerte. Immer wieder nahm er die lange Schöpfkelle, fischte dann etwas mit dem Löffel heraus und legte es auf einen Teller. Da all dies in der Nähe ihres Schnabels geschah, dachten sie, es sei für sie. Wer weiß? Vielleicht bekam jede Hütte (der Reihe nach) einmal im Jahr einen Teller Fleisch?! Er würde doch das nicht alles für sich selbst herausfischen und auffressen?

Sie täuschten sich nicht, das konnte er ihnen natürlich nicht antun. Nachdem er den Borschtsch gründlich durchpflügt und durchsiebt hatte, reichte er den Teller aus irgendeinem Grund nicht durch den Schnabel, sondern stellte ihn auf den Boden und rief: »Miez, miez, miez!«

Erstaunt sahen sie, wie von der Fensterbank ein dicker, glänzender, grauer Kater sprang, majestätisch zum Teller schritt und zu fressen begann.

81. Das Radio

An einem nicht besonders schönen Tag stand der Fernseher auf und ging, wobei er ihnen zum Abschied gutes Durchhalten wünschte. Mit dem Fernseher ging auch sein Besitzer, aber dieser Verlust wäre kaum aufgefallen, wenn nicht der Fernseher verschwunden wäre. Natürlich lief nicht immer alles glatt mit dieser Kiste. Sie hatten gestritten, bis sie heiser waren, und darum gekämpft, was sie sehen wollten. Und wie oft waren sie von ihren Mitmenschen enttäuscht, wenn die Aufseher um Punkt 22 Uhr den Strom abdrehten und sie einen interessanten Film nicht zu Ende sehen konnten... Und dennoch, man lernt etwas erst richtig zu schätzen, wenn man es nicht mehr hat.

Reißerische Talkshows mit vorgegebenen Rollen und stumpfsinnigen Drehbüchern, blödsinnige Serien, in denen die beschränkten Helden bei der dutzendsten Folge nicht erkannten, was für alle offensichtlich war, und angeblich wissenschaftliche Sendungen, in denen so viel Unsinn erzählt wurde, dass es schon peinlich war – all das wurde gnadenlos kritisiert, und alles hatte begeisterte Fans. Für jeden Streit gab es ein schlagendes Argument: Du schaust dir diesen Mist an und ich mir jenen. Das Ergebnis war, dass der Fernseher von morgens bis abends ununterbrochen lief, die

Aufmerksamkeit fesselte und den Verstand ausschaltete.

Alle Blicke waren auf ihn gerichtet, er war wie ein Tor, durch das die Zeit irgendwohin verschwand. Und das war sehr gut.

Als er nicht mehr da war, sahen sie sich um: ein staubbedecktes Schachspiel, auf dem Regal in Vergessenheit geratene Bücher, ein auf ein Doppelblatt gezeichnetes »Mensch ärgere Dich nicht«-Feld – all das begann plötzlich wieder einen Sinn zu ergeben. Außerdem stellte sich heraus, dass sich in der Wand gegenüber der Schleuse, auf der gegenüberliegenden Seite des Fernsehsockels, ein kleines Fenster befand, aus dem der Klang eines Radios herüberdrang. Und als einer wie üblich im Gang stand, mit den Armen fuchtelte und tat, als würde er Sport treiben, bekam er höflich, aber sichtlich verärgert die nahezu gleichen Worte zu hören wie einst:

»He! Geh vom Fenster weg! Ich guck Radio, steh nicht im Weg!«

82. Das Ziel

»Manche Leute in manchen Hütten essen, um zu leben... Aber wir leben, um zu essen«, murmelte er vor sich hin und strich einen Berg Mayonnaise wie eine Schneedüne auf den Boden seines zukünftigen Sandwiches.

Das Sandwich, oder richtiger wahrscheinlich: der Hamburger, hatte viele Schichten. Er bastelte jeden Tag so ein Sandwich, wobei er alles verwendete, was ihm zur Verfügung stand. Einmal hatte er ein Salatblatt und ein Ei, ein anderes Mal streute er Walnüsse auf Senf. Aber es gab natürlich auch Klassisches, das sich nicht veränderte: Brot, Speck und Zwiebelringe. Nach der Zubereitung wurde das Sandwich eine Zeit lang am Rande des Tisches ausgestellt, damit es sich jeder genau ansehen konnte.

»Eine alte Weisheit besagt«, erklärte er – offensichtlich sich selbst, da schon lange niemand mehr zuhörte, »dass man die Dinge nicht über das Notwendige hinaus verkomplizieren soll. Das heißt, wenn uns von Gott oder unseren Nächsten unser tägliches Brot gegeben ist, sollen wir es zuerst essen und erst danach über das gesellschaftliche Bewusstsein nachdenken«, das hat auch Marx gelehrt.

Vor dem mehrstöckigen Sandwich kochte er diverse

Breie, danach etwas Salat- oder Suppenartiges, und abends war er an der Reihe, Pastete aus dem »Grabfisch« zuzubereiten. Dazwischen trank er Tee. Da unser tägliches Brot in rauen Mengen kam (Schwarzbrot konnte man bei den Kallis sogar in ganzen Wagenladungen erbitten), drangen sie bis zu den Fragen nach dem Sinn des Lebens nie vor. Vielleicht konnte er seine Gedanken aber auch einfach nicht äußern, weil sein Mund immer voll war?

»Ein Bandwurm!!!«, lästerten die komischen Vögel, die versuchten, im Gefängnis abzunehmen, und neidisch zuschauten, wie dieses dürre Etwas aß, ohne rot zu werden.

»Das ist das Geschenk Gottes an die Epikureer!«, behauptete der gebildete, aber spindeldürre Vielfraß.

Und wenn das Zeichen für die Nachtruhe erklang und das Licht gedimmt wurde, hielt er eine Predigt über den kommenden wohlgenährten Schlaf und sprach mit gedämpfter Stimme zu seinen teilnahmslosen Zuhörern: »Wir sind ja keine Tiere, die essen, wenn es die Natur verlangt, nicht wahr? Wir sind Menschen. Wir leben, um zu essen.«

83. Maestro

Die Suppe wurde hier in der Regel nach dem Prinzip der Verbraucheranpassung geliefert. Das heißt, es gab eine Art Wasserbasis im Teller, und das war's. War sie rot, war es Borschtsch, verströmte sie einen Erbsengeruch, war es eindeutig Erbsensuppe. Und wenn Gurkenstücke darin schwammen, war es natürlich »Rassolnik«!

Aber jede Suppe konnte den eigenen Vorlieben entsprechend angepasst werden. So wie in den Autohäusern zur Grundausstattung des Autos nach dem Wunsch des Kunden Spoiler und Heckflügel hinzugefügt werden können.

Als mögliche Komponenten standen zur Verfügung: Mayonnaise, Ketchup, Speck, Wurst, Zwiebeln, Knoblauch, Kartoffelflocken, Reis, Haferflocken, Würze mit Hühner- oder Pilzgeschmack und manchmal sogar Nüsse! Jawohl! Man konnte schließlich in seine Suppe tun, was man wollte.

Manche hielten sich für Edelköche, maßen bei komplizierten Kohlsuppen akribisch die Zutaten ab und schrieben die besten Rezepte auf. Nach einiger Zeit stellte sich heraus, dass das Geheimnis einer leckeren Suppe ganz einfach war: Man musste nur genügend Mayonnaise hinzufügen. Großzügig der Suppe beigefügte Mayonnaise stand unabhängig von den anderen Zutaten hoch im Kurs. Umgekehrt konnte sogar geräucherte Wurst ein Rezept ohne »Mayo« nicht retten.

Der erste Tag des ersten Frühlingsmonats erschien zunächst wie ein ganz normaler Tag, doch dann geschah etwas mit der Suppe.

»Was ist das?«, fragte der Erste, der seinen Löffel in die Suppe tauchte, beunruhigt.

»Das? Sieht aus wie Suppe! Verdammt, Suppe, Leute!!!«

Statt der gewohnten Suppe gab es heute ganz ungewohnt eine normale Suppe. Es war Kohlsuppe. Aber nicht von der Art, aus der man alles Mögliche andere machen konnte. Es war Kohlsuppe, mit Kohl, und offenbar mit Zwiebeln und sogar irgendeiner frischen Erinnerung an Fleisch. Phantastisch!

Sie lachten über diejenigen, die diese Sensation verpasst und auf das Mittagessen verzichtet hatten, aßen die Suppe vollständig auf und begannen, den Diensthabenden zu instruieren:

Wenn der Kalli die Teller holt, sag ihm, wie im Restaurant, er soll gegenüber dem Küchenchef unsere Bewunderung für den ersten Gang bekunden. Unser Kompliment!

Er musste es auswendig lernen und ein paarmal wiederholen. Aber nach fünf Minuten, als der Schnabel sich öffnete, hatte er es wieder vergessen. Sie riefen sofort: »An den Maestro! Den Chefkoch!!! Unser Kompliment!!! Du hast es vergessen.«

Da erinnerte er sich natürlich, klopfte an den bereits geschlossenen Schnabel und rief:

»He, Kalli!«

»Was ist?«, ertönte es gereizt von hinter der Tür.

»Ähm, sag dem Koch… Die Suppe war…also – sie war ein Traum!«

84. Der Finger

Der Einzug in eine neue Zelle, insbesondere wenn es die erste im Leben war, war beängstigender als ein Flug ins offene All. Zumindest wurde man im Weltall nicht von einem Dutzend kahlköpfiger, finster dreinschauender Männer begrüßt.

Er zwängte sich mit seiner lächerlich aufgeblähten Tüte durch die Schleuse, die Matratze blieb am Türrahmen hängen, und er kämpfte eine Weile, bis er auf die Idee kam, seine Tüte abzustellen und sich mit den Händen zu befreien. Die Männer schauten die ganze Zeit über finster, und als die Tür die Matratze ausgespuckt hatte und hinter ihm zuschlug, fragten sie ziemlich furchteinflößend:

»Alles rund im Leben?«

Er kannte die richtige Antwort auf diese Frage und stieß als Antwort auf die Parole sein Kennwort hervor:

»Ja! Alles rund! Und ist die Hütte menschlich?«

Die Männer schauten noch finsterer drein, aber der ganz vorne nickte. Er fasste Mut: »Wo kann man sich hier bei euch niederlassen?« und wollte sich gerade vorbeizwängen, aber der vorne sagte:

»Nicht so schnell! Paragraph?«

»Drei-zwei-acht.«

Der Paragraph war keine Schande, er war ziemlich

verbreitet. Das halbe Gefängnis saß hier wegen dieses Paragraphen, doch nun begann eine Art Weltuntergangsszenario.

Irgendwo aus der Tiefe der Hütte kam ein kahlköpfiger Schrank mit breitem Gesicht hervor und begann sich aufzuregen:

»Du Junkie… Wegen solchen wie dir hängt meine Tochter an der Nadel!!! Dich mach ich… fertig…!!!«

Die anderen Männer hielten den Glatzkopf fest und beschworen ihn, sich nicht noch einen Paragraphen aufzuhalsen. Das Geschrei wurde unerträglich laut. Das »Auge« in der Tür bewegte sich nicht einmal.

Sie schrien auf den Mann ein, man könne die Sache ohne Mord und Totschlag klären. Sie hassten ja auch alle Junkies, aber diesen einen könne man doch am Leben lassen:

»Bist du bereit, deinen Finger auf den Panzer zu legen und zu schwören, dass du nie wieder mit Drogen handeln wirst?«, fragte der, der sich danach erkundigt hatte, ob bei ihm alles rund lief.

»Ja«, stieß der Neuankömmling hervor. Man musste ja schließlich die Wogen irgendwie glätten! Sie führten ihn zum Panzer und nahmen seine Hand. Einer hielt die Hand fest, zwei andere ihn.

»Jetzt… wirst du sehen…!«, der oberste Drogenbekämpfer griff nach einer unheilvoll schimmernden Schaufel und schwenkte sie über dem Kopf.

»Such dir einen Finger aus und lass ihn liegen!!!«

Es war offensichtlich kein Scherz mehr. Aber er wusste nicht, was er tun sollte. Schreien? Sie würden ihn eh nicht hören oder so tun, als hörten sie ihn nicht. Sich beklagen? Das war ein Stempel fürs ganze Leben, für jedes Lager.

Und außerdem, nach dem Kodex… hatte er nicht selbst versprochen, seinen Finger auf den Panzer zu legen? Nun musste er dafür einstehen.

Trotz seiner Erstarrung bewegte er die Hand und ließ den kleinen Finger zurück.

Er zuckte zusammen, als der Kerl »nnnaaa!!!« brüllte und die Schaufel nach unten sauste, aber sie hielten ihn fest, die Schaufel krachte mit einem Klirren auf die Mauer neben den kleinen Finger. Die Männer lachten, klopften ihm auf die Schulter und zeigten mit den Daumen nach oben. Sie waren alle wegen Paragraph 328 in dieser Hütte.

85. Die Mütze

Alle, die morgens und abends zu ihnen kamen, waren kahlköpfig – also sehr kurz geschoren. Und natürlich wollten die »Sterne«, wenn sie vorbeikamen, dass diejenigen, die sie begrüßten, nach ihrem Bilde geschaffen seien, zumindest in Sachen Frisur.

»Haare schneiden!«, hieß es bei der ersten Kontrolle, und in der Regel reichte das aus. Entweder es gab eine Haarschneidemaschine in der Hütte, oder man verpasste sich mit dem Rasierer einen sehr kurzen und glänzenden Modellhaarschnitt.

»Brauchen Sie Hilfe?«, wurden die Begriffsstutzigen gefragt. Worin diese Hilfe bestehen sollte, wusste niemand, aber davon abgesehen wollte sowieso niemand eine solche Hilfe, lieber machte man es irgendwie selbst.

Wenn auch der zweite Hinweis nicht half, begann eine Kette kleinerer Probleme – reiner Zufall natürlich. Mal wegen Unrasiertheit, mal wegen einer Regelverletzung, mal ganz allgemein – wegen ungepflegten Aussehens. Lange Haare, ist das etwa gepflegt? Insbesondere wenn man einmal in der Woche duscht.

Einem verbreiteten Volksglauben folgend, schnitten sie sich vor der Verhandlung nicht die Haare, damit die Haftstrafe kürzer ausfiel. Sobald der Termin festgesetzt war, verweigerten sie das Haareschneiden. Dafür ging es nach der Verhandlung in der Regel direkt auf null. Nur bei einem nicht: Er kam mit großen Augen von der Verhandlung zurück und verkündete, dass er in drei Wochen entlassen würde. Nach einer Woche führten sie mit ihm ein Gespräch über seine Frisur:

»Onkelchen! Was ist mit deinem Kopf los?! Schneid dir die Haare!«

»Bürger Vorgesetzter! Ich hab keine Mütze! Und draußen sind minus 15 Grad. Ohne Haare ist mir kalt, ich schneide sie nicht, um nicht zu frieren.«

»Soll ich dir eine Mütze stricken?«, fragte der vierschrötige Traktvorsteher drohend, während er sich mit seinem Schlagstock auf die Schenkel klopfte.

»Danke, Bürger Vorgesetzter!«, sagte der Verurteilte, ohne die Contenance zu verlieren.

Danach versteckten sie ihn bei den Kontrollen am Ende der Reihe, und er machte sich vorher die Haare nass, um kahler zu wirken. Eine Mütze strickten sie ihm nicht, und danach zu fragen hätte bedeutet, keine Witze zu verstehen.

Am Tag vor seiner Entlassung erwischten sie ihn doch, er sagte, er würde sich die Haare nicht schneiden, sie prophezeiten ihm Karzer. Allerdings für den nächsten Tag. Aber als sie am nächsten Tag kamen, um ihm eine Erklärung abzunehmen, war er schon frei – glücklich und mit all seinen Haaren.

Und sie blieben hier, auf den Fluren mit kahlen Köpfen.

86. Die scharlachrote Blume[31]

Manchmal möchte man anstelle aller möglichen exotischen Reichtümer etwas Einfaches und Nützliches mitgebracht bekommen – entweder, weil es schon in den alten Märchen so war, oder, weil die Hausordnung das Schicken gewöhnlicher nützlicher Dinge nicht zuließ. Allerdings konnte man wie im Märchen etwas Nutzloses auch in etwas Nützliches verwandeln, und ein geplatzter Luftballon konnte sich als wertvolles Geschenk erweisen.[32]

Obwohl, das mit dem geplatzten Luftballon ist vielleicht Unsinn. Aber etwas völlig anderes ist es mit einer Plastiktüte!

»Meine Großmutter hat erzählt, dass sie in der Sowjetunion die Tüten gewaschen und getrocknet haben…«

»Waren die da völlig übergeschnappt?«

»Nein, die Tüten waren nur selten und wertvoll.«

»Ach so… Wir werfen sie sogar weg!«

Das taten sie, nur nicht die länglichen Brottüten, aus denen man gut ein »Ross« machen konnte. Wer von den Verwandten Bescheid wusste, schickte Brot in solchen Tüten.

Diejenigen, die Bescheid wussten, schickten viele nützliche Dinge. Zum Beispiel ein königliches Werkzeug – einen schwarzen Bic-Kugelschreiber. Daraus konnte man sowohl ein Schneidemesser als auch eine hervorragende Ahle oder einen Schraubenzieher machen. Und aus einem alten Pulli konnte man viele Meter »Ross« machen. Und Streichhölzer mit einem Magneten waren einfach cool und selten.

Einmal kamen in einem Paket getrocknete Aprikosen in einer Tüte mit Zippverschluss. Oh, das war etwas Neues! Plastik zum Wiederverschließen! Da konnte man so praktisch alles Mögliche hineintun. Und sie sah auch noch schön und haltbar aus! Ein Traum…

Nach und nach traten fast alle unauffällig an den glücklichen Besitzer heran und fragten:

»Brauchst du die Tüte vielleicht nicht?«

»Natürlich brauch ich sie!«

»Aaah …«

In dieses Wundertütchen konnte man fast alles hineinlegen und wieder rausholen, was man wollte, genauso wie in den berühmten Topf, den Winnie Pooh dem Esel I-Aah schenkt. Noch am selben Abend gingen Briefe an die Verwandten bezüglich zukünftiger Päckchen raus. Und in jedem Brief fand sich die Geschichte von dem magischen Tütchen mit dem Zippverschluss.

87. Schnee

Jeden Winter war es dasselbe. Eigentlich waren sie durch solide Mauern von der Außenwelt abgeschirmt, und das ganze Wetter machte ihnen überhaupt nichts aus. Aber der Ruf nach Schnee erreichte sie auch hier: aus den morgendlichen Fernsehsendungen, in denen sich unverschämt hübsche Mädchen über den schneelosen Winter beklagten, und aus den Briefen, in denen sie mit drei Wochen Verzögerung Retro-Prognosen über das Wetter erhielten, versehen mit dem Kommentar, dass es wohl leider auch diesmal zu Neujahr keinen Schnee geben würde.

Im Grunde hielt sich ihr persönliches Verlangen nach Schnee in Grenzen. Fast zwei Monate lang gingen sie nicht einmal auf den Hof, weil sich die Mehrheit einig war, dass es so »noch schlimmer« sei, wenn man den Himmel zwar sah, aber in kleinen Quadraten, und rundherum schmutzige Mauern und einen Hof, der kleiner war als ihre Hütte. Sie sahen sowieso weder Schnee, Regen noch Himmel, auch wenn es sie gab ... Aber Neujahr ohne Schnee, das durfte natürlich nicht sein. Am Weihnachtstag schleppte Santa ihnen ein Geschenklein an – eine Art »Wärmenomaden«. Das war an sich schon keine große Freude. Und dann hatte der Neuankömmling, ein »Fassadenkletterer«, der schon viele

Jahre auf der Straße lebte, noch eine Besonderheit: Er hatte seit langem die Krätze.

Er erklärte selbst, dass die Krankheit mit wissenschaftlichem Namen Psoriasis hieß, aber auch ohne medizinische Termini sahen und verstanden sie alle, dass es sich, Verzeihung, um eine krasse Krätze handelte. Es blätterten regelrecht Teile von ihm ab. Und wenn er an sich herumpuhlte, kam Blut unter dem abgezogenen Harnisch der alten Haut hervor, und die ganze Hütte roch nach Fäulnis, dass es einen schüttelte! Er sagte, es sei eine Nervensache, und alle um ihn herum waren tatsächlich pausenlos nervös und hatten Angst, sich anzustecken.

Als der Diensthabende am Tag nach seinem Erscheinen die Hütte fegte, musste er die Kehrschaufel mehrmals leeren. Und die letzte Ladung kleiner weißer Hautfetzen, die die Schaufel füllten und vor kurzem noch dem Obdachlosen gehört hatten, zeigte er stolz in die Runde und sagte: »Na also, Jungs! Zu Neujahr gibt's Schnee!!!«

88. Der verfluchte Andy

Jede dumme Regel hatte ihre eigene Geschichte. Wahrscheinlich lagen den Hausregeln des Untersuchungsgefängnisses Fluchtversuche oder etwas noch Schlimmeres zugrunde. Die Namen der Häftlinge, die die neuen unsinnigen Paragraphen inspiriert hatten, blieben niemandem im Gedächtnis, aber einen Namen konnte fast jeder nennen. Dieser verfluchte Andy Dufresne!

Sie diskutierten oft darüber, warum hier dies galt und nicht das, warum das eine erlaubt war und das andere nicht, warum es so widersinnig war. Man konnte allerlei Vermutungen anstellen, aber mit einer beneidenswerten Konstanz führte die Diskussion sie stets zu Beispielen, und dann erinnerten sie sich an den Film über die berühmteste Flucht aller Zeiten.

Wenn man vernünftig darüber nachdachte, war klar, dass es schon hundert Jahre vor der Entstehung von *The Shawshank Redemption* (Die Verurteilten) problematische Regeln gegeben haben musste, aber trotzdem, es war einfacher, Andy die Schuld zu geben.

Warum durfte man keine Bilder von Playboy-Schönheiten an die Wand hängen, ja überhaupt nichts aufhängen? Dieser verfluchte Andy hatte versteckt unter den Reizen einer berühmten Schönheit einen Tunnel gegraben. Es ging so weit, dass sie keinen Vorhang an das Regal mit den Lebensmitteln hängen durften: Was, wenn sie zwischen den Regalbrettern hinter dem Vorhang die Wand beschädigten?

Löffel wurden nur zu den Essenszeiten ausgeteilt. Das war furchtbar unpraktisch, man konnte nicht mal Tütensuppen essen. Und warum? Vielleicht, weil der verfluchte Andy seinen Tunnel mit einem Löffel gegraben hatte?

Jede Kommunikation war verboten! Auf den Gängen versteckte man sie voreinander hinter den Ecken, drehte sie zur Wand, und dann stellten sie sich noch dahinter, damit kein Unglück passierte.

Keine Bibliotheksbesuche! Niemand hatte auch nur die geringste Ahnung, was es dort für Bücher gab oder geben könnte. Sie tippten aufs Geratewohl.

Im Grunde durften sie nichts von dem, was dieser verfluchte Andy getan hatte. Außer vielleicht träumen wie Andy ... Träumen hatte ihnen doch noch niemand verboten? Und in ihren Träumen sahen sie alle den großen weiten Ozean und den Strand, an dem es sich dieser verfluchte Andy einfach gut gehen ließ.

89. Ausgewählte Werke

Wer weiß, wie es in Wirklichkeit ist, aber man möchte gerne glauben, dass die schönsten Zeichnungen und die geistreichsten Briefzeilen nicht verloren gehen und nicht vernichtet werden, sondern in eine Sammlung eingehen.

Die Zensoren mussten einfach ihre Lieblingsautoren unter den Briefschreibern haben. Was, wenn jemand Briefe in Versform erhielt? Oder in Bildern antwortete?! Oder sich in den Briefen wie in einer spannenden Serie ein Drama entfaltete?

Man möchte glauben, dass die Zensoren ihre Arbeit nicht einfach mechanisch verrichten, dass sie wie leidenschaftliche Bibliophile auf die neuesten Werke ihrer Lieblingsautoren warten und sie mit einer umgehenden Lektüre belohnen.

Es gibt den Nobelpreis und den Booker-Preis, es gibt den Pulitzer-Preis und den Jerzy-Giedroyc-Preis. Aber müsste es nicht eigentlich auch etwas für Briefe geben? Wenn sich jemand Mühe gab und schrieb, nochmals las, Teile strich, Qualen erlitt, alles zerriss und wieder neu schrieb, konnte denn sein Werk einfach in der Versenkung verschwinden?

Wahrscheinlich ist es ein schwacher Trost, aber immerhin ein Trost: zu glauben, dass alle Briefe, die nicht ankamen, aus Liebe verschwanden. Dass der Zensor, der vielleicht kein so interessantes Leben hatte wie die inhaftierten Verfasser der Briefe, behutsam die Briefbögen aus den Umschlägen zog, die Falten glättete und sie zusammen mit anderen Meisterwerken in sein Zensurio-Album legte.

Stellen wir uns vor, das Album steht auf dem Kaminsims, auch wenn kein Zensor einen Kamin hat. Wenigstens in der Phantasie! Im Kamin knistert ein Feuer, und daneben schaukelt ein Ledersessel mit einer karierten Decke, und neben der rechten Lehne steht ein großer Globus mit einer Bar darin.

Möge dies der magische Ort sein, an dem alle verschwundenen Briefe, Gedichte und Geschichten gelesen werden, an dem über das Geschriebene gelächelt wird und manchmal sogar, vor Rührung, ein wenig geweint.

90. Brasilien

»Was liest du? …Ah, die Bibel! …Kenn ich – bei uns im Jugendknast gab es eine Komikversion.« Ihm war offensichtlich langweilig.

»Und was liest du? Ah …›Endlich Nichtraucher!‹? Wenn du willst, sag ich dir, wie man mit dem Rauchen aufhört – es ist ein todsicherer Weg, bei mir hat's geholfen!« Er zog an seiner Zigarette.

Niemand wollte mit ihm reden, aber sie hatten keine Wahl:

»Sag mal, kannst du überhaupt lesen?«

»Was soll das? Ich hab grade die Schule abgeschlossen. Elf Klassen!«

»Mit Erfolg?«

»So wie es sich gehört…«

»Dann wollen wir mal sehen. Weißt du, wo Brasilien liegt?«

»Lass mich in Ruhe.«

»Weißt du es oder nicht?«

»Natürlich weiß ich es!«

»Dann sag es.«

»Lass mich!«

So fing es an. Seitdem fragten ihn alle nach diesem Brasilien – wo, ja wo? Aus irgendeinem Grund interessierten sie sich für nichts anderes aus dem Schullehrplan, aber mit Brasilien kannten sich offenbar alle bestens aus.

Mit der Zeit versuchten sie, die Frage zu vereinfachen:

»Sag einfach, auf welchem Kontinent Brasilien liegt. Du kennst doch die Kontinente?«

»Weißt du, wie man im Jugendknast zur Schule geht? Wenn du erscheinst, kriegst du eine Fünf, wenn nicht, eine Zwei.«

»Okay, dann sag uns, auf welchem Kontinent Japan liegt, wenn du Brasilien vergessen hast.«

»Lass mich!«

Normalerweise wird es nach dem 100. Mal irgendwann langweilig. Aber wenn der, über den man sich lustig macht, sich jedes Mal aufs Neue aufregt, wird es nur noch lustiger. Brasilien verfolgte ihn von morgens bis abends. Er versuchte sogar zu raten, aber wer kennt sie schon, diese Kontinente?! Daher wurde er wütend. Sie trieben ihn in den Wahnsinn.

Schließlich beschloss derjenige, der damit angefangen hatte, die Sache auch zu beenden. Er ging zu ihm und sagte versöhnlich:

»Hör zu. Also, wenn es dich interessiert, Brasilien liegt in Amerika. In Südamerika.«

»In welchem Scheiß-Amerika??? Ich habe genug von deinen Witzen und deinem Brasilien!«

91. Der romantische Dichter

Alle alten Hasen erinnerten sich daran, wie er in die Hütte kam und nach den üblichen Ritualen fragte:

»Seid ihr hier AUE? Oder BeTscheBe?[33] Oder einfach so?«

Die Hütte war »so«, aber sie lebten nicht schlecht und friedlich. Er erwies sich insgesamt als kein schlechter Kerl, zwar ein Mörder, und das nicht nach Absatz 1[34]. Aber sie hatten alle ihre Fehler und Paragraphen, und nach der gerichtlichen Statistik gab es keine Unschuldigen.

Er wurde erst zur Verhandlung gebracht, in ihre Hütte kam er sogar erst nach dem Prozess – bis das Urteil in Kraft trat. An Revision dachte er gar nicht: Wozu? Er war froh, als der Verlegungsbescheid kam, er wollte so schnell wie möglich ins Lager – ankommen und seine Strafe absitzen!

Aber bevor er seine Reise antrat, mussten sie ihn verabschieden.

Sie brauten Tschifir, versammelten sich um den Tisch, doch sie hatten nichts, was sie dazu essen konnten, alle Süßigkeiten waren ausgegangen. Da fand sich ein Ausweg:

»Hol die Krümel!«

»Was?«

»Du weißt schon, die Kekskrümel in der Tüte da, die wir in den Brei mischen.«

»Ah! Den Staub! Sag das doch gleich! Krümel, ha-ha.«

»Wir nennen es eben so ...«

Den Staub schütteten sie direkt aus der Tüte in den Mund, natürlich nur, wer zum Tee etwas aß. Aber Abschiedsworte sprachen sie alle, und jeder sprach über das Wichtigste. Dass er ein kluger Kerl sei, sie nicht lange mit ihm zusammengelebt hatten, aber alles »rund«-lief, dass sie seinen Verwandten, seiner Familie, seinen Nächsten und all seinen Freunden alles Gute wünschten und hofften, sein Weg würde so, wie er sein solle.

Sie fanden die richtigen Worte. Sie sprachen nacheinander und tranken jeweils genau zwei Schluck »Öl«: sehr, sehr, sehr starken Tee.

Und mit jedem Wort hellte sich das finstere Gesicht des Mörders ein bisschen auf, als würde es straffer. Er selbst sprach als Letzter.

Er sagte, er habe nicht viel Zeit gehabt und würde sie alle noch nicht gut kennen, aber sich an alle erinnern – an dieser Stelle schaute er der Reihe nach jedem in die Augen und lächelte verlegen. Sagte, so Gott will, würden sie sich im Lager wiedersehen. Und fügte dann unverhofft hinzu: »Soll ich euch eins meiner Gedichte vorlesen?« Es klang nicht wie eine Frage, und er begann sofort aus einem abgenutzten Heft vorzulesen.

Als das Gedicht zu Ende war, es handelte von der

Liebe, herrschte eine peinliche Stille in der Hütte. Es war schwierig, die richtigen Worte zu finden, denn einen Poeten konnte man nur allzu leicht verletzen. Da begann der Gescheiteste von ihnen zu klatschen, und die anderen fielen begeistert mit ein. Das war wohl die erste Ovation im Leben des romantischen Dichters.

92. Das Brüderchen

Er nannte sie alle seine Brüder, daher hatte er den Spitznamen »Brüderchen«. Er wirbelte in der Zelle herum und war wie ein Elektron auf seiner Umlaufbahn, überall zugleich. Vor allem dort, wo man etwas abgreifen konnte!

»Ich hab noch eine lange Zeit vor mir …«, sagte er in seinen seltenen reflektierten Momenten …

Aber wenn ein Päckchen ankam oder jemand seine Tasche umpackte, war er immer zur Stelle und bereit zu helfen:

»Bruder!!! Oho! Nicht schlecht, Bruder! Kann ich mal sehen?! Hör mal, wozu brauchst du das, Bruder? Das ist doch unpraktisch. Lass uns tauschen!«

»Wow, coole Zigaretten. Kann ich eine probieren?«

»Was ist das für Essen? So was hab ich noch nie probiert … Schmeckt das???« – und all das in einem Atemzug und mit anhaltendem Erfolg.

Jeden anderen hätte vermutlich das bescheidene Ausmaß seiner eigenen Tasche gestoppt. Aber als dieses Problem bei ihm auftauchte, schaffte er es mit Verhandlungsgeschick sein kleines (aber sehr praktisches) Täschchen bei einem seiner Brüder gegen eine große (weniger praktische) Tasche einzutauschen. Es war alles ganz folgerichtig: Er würde noch lange hier sitzen, und seinen Bruder mit der unpraktischen Tasche überzeugte er, er würde bald entlassen und mit einer kleinen Tasche hätte er es leichter. Der ehemalige Besitzer der Tasche fuhr zur Verhandlung, wo sie ihm entgegen allen Voraussagen aus irgendeinem Grund neun Jahre gaben, anstatt ihn zu entlassen. Aber als er in die Zelle zurückkam, gehörte die Tasche schon unwiederbringlich dem Brüderchen.

Eine Woche später bekam das Brüderchen zum ersten Mal selbst ein Paket. Das kam so unerwartet, dass er ganz verlegen war, und dann erzählte er allen: »Meine Mutter hat mir einen Apfelkuchen geschickt! Meine Mama! Einen Apfelkuchen! Mutters Apfelkuchen, versteht ihr?«

Der ehemalige Besitzer der Tasche setzte sich mit seinem Brüderchen zum Tee:

»Du bist doch mein Bruder, oder?«

»Klar!«

»Also hat unsere Mutter uns einen Apfelkuchen geschickt?«

»Nein, meine.«

»Aber du bist doch mein Bruder, das heißt, es ist unsere Mama!«

Er wurde ernst:

»Nein, Bruder. Es ist meine Mama – meine!«

93. Der Teezuber

Wenn die Sirene ertönte, und vor allem, wenn sie dreimal rasselte (sie rasselte tatsächlich, sie war so eingestellt), musste man auf der Stelle alles stehen und liegen lassen und sich auf die Kontrolle vorbereiten.

Wie es das Schicksal wollte, passierte das natürlich immer genau dann, wenn sie gerade dabei waren, etwas Wichtiges zu tun, Teetrinken zum Beispiel, und dann wich das übliche bedächtige Ritual einem hektischen Treiben in der Zelle. Der Tisch musste abgeräumt werden, die Sachen von den unbesetzten Pritschen entfernt und die Lebensmittel vom Fenster, das als Kühlschrank diente, die Handtücher mussten umgehängt und noch hundert andere Kleinigkeiten erledigt werden, bevor man sich schließlich in einer Reihe aufstellte und auf die Kontrolle wartete.

Das Gemeine daran war, dass die Kontrolle in der Regel nicht stattfand.

Aber manchmal kam es zu ihrem größten Bedauern anders. Bei einer unerwarteten Kontrolle, insbesondere wenn irgendwelche hohen Tiere beteiligt waren, wurden gerne Fragen gestellt, auf die die Inspektoren die Antworten eigentlich kannten, aber aus irgendeinem Grund wollten sie die Sicht der Inspizierten hören.

»Gibt es Fragen?«

»Keine Fragen, Bürger Vorgesetzter!«

»Führt man euch auf den Hof?«

»Jeden Tag, Bürger Vorgesetzter!«

»Und bei Regen?«

»Besonders bei Regen, Bürger Vorgesetzter!«

»Und die Hygienemaßnahmen?«

»Was?«

»Die Hygienemaßnahmen?«

»Äh... ja, jeden Tag!«

»Wie... jeden Tag?«

»Na ja, wir bekommen Chlorkalk! Und wir kaufen auch Putzmittel und benutzen es zum Reinigen!«

»Nein! Ihre Hygienemaßnahmen! Mindestens einmal pro Woche?«

»Ah, die Banja! Da waren wir auch! Wir wussten nur nicht, dass wir einer Maßnahme unterzogen wurden, wir dachten, wir waschen uns...«

Der Inspektor blickte sich um, auf der Suche nach etwas, das er beanstanden konnte, aber sie waren gut vorbereitet. Doch dann zeigte er mit dem Finger auf einen großen Zuber:

»Und was ist das?«

Die richtige Antwort hätte wahrscheinlich »ein Behälter für Trinkwasser« lauten müssen, aber der verdutzte Diensthabende sagte gewohnheitsgetreu:

»Ähm... Das ist ein Teezuber!«

»Soll das heißen, ihr braut euren Tee da drin?«, fragte der Inspektor arglistig.

»Wir waschen manchmal unsere Wäsche darin…«

»Ihr wascht also Wäsche? Und wo trocknet ihr sie, na?«

Das war's. Er hatte sie erwischt. Die Wäsche wuschen sie üblicherweise in der Banja, danach hatte er schon gefragt. Aber sie zu trocknen war verboten, sowohl auf den Pritschen als auch auf dem Heizkörper – das gab einen Tadel.

Sie trockneten sie in der Nacht, und die Aufseher taten so, als würden sie es nicht sehen, aber das konnte man bei der Inspektion natürlich nicht erzählen.

Es gab einfach in der Zelle keinen Platz zum Trocknen.

Der Diensthabende geriet ins Stocken, aber er strengte all seine Geisteskraft an und parierte:

»Äh wir… Wir stellen uns hin und trocknen die Wäsche auf unseren ausgestreckten Armen!!!«

Das schien zumindest nicht verboten zu sein.

94. Wimpern

Die Wunder der Gefängnisanatomie: Das Auge befand sich an der Tür und die Wimpern am Fenster. Das Fenster hatte überhaupt einen komplexen anatomischen Aufbau. Erst kamen ein Glas und ein Rahmen – zum Schutz vor der Kälte. Und um die Sammlung der Lebensmittel vor der Kontrolle zu schützen. Auf das Glas folgte ein solides Gitter – gegen dumme Gedanken und falsche Hoffnungen. Und schließlich senkten sich hinter dem Gitter wie pessimistische Jalousien lange, dichte »Wimpern« aus schweren, breiten Stahlbändern herab. Sie waren aus Fürsorge weiß gestrichen, aber das half nichts: Sogar der gewitzteste Sonnenstrahl konnte die Hütte nicht erreichen. Umso weniger, da sie im Keller saßen und das Fenster in einen Schacht führte, der ebenfalls von einem Gitter und von einem Blechdach bedeckt war. Die freiheitsliebenden Neuankömmlinge protestierten manchmal: Wozu diese Wimpern? Es gibt sowieso schon keine Sonne. Dann bekamen sie zur Antwort:

»Die sind nicht gegen die Sonne. Und nicht für dich, sondern gegen dich, damit du nicht arbeitest und dir einen ›Weg‹ bahnst.«

»Wie soll man denn hier einen Weg bahnen? Wir sind doch im Keller, in einem Loch.«

»Was weiß ich, als Projekt. Und überhaupt, sei froh, die Wimpern schützen uns auch vor den Ratten. Erinnerst du dich an die Ratte von gestern?«

Die Ratte von gestern hätten sie alle liebend gerne vergessen, aber leider hatte sie sich fest im Gedächtnis eingebrannt.

Gestern hatte man sie mit einem großen schwarzen Hund auf den Hof geführt. Der Hund zählte offiziell als halber Wächter, aber er sah so bedrohlich aus und knurrte so furchteinflößend, dass sie mehr Angst vor ihm hatten als vor jedem Menschen in Uniform.

Und dann sahen sie gestern am Ende des Gangs auf dem Zementboden noch einen anderen schwarzen Fleck mit einem Schwanz: eine riesige Ratte, die ungeniert umherwanderte und ihren Geschäften nachging.

»Lass den Hund los! Eine Ratte!«, sagte einer der Wärter aufgeregt.

»Spinnst du? Sie kratzt ihm die Augen aus!«

Kurzum, mit einer Ratte, die einem furchteinflößenden Hund die Augen auskratzen konnte, wollte niemand etwas zu tun haben, sodass die Wimpern ihnen in diesem Sinne zupasskamen. Das Einzige, was sie beunruhigte, war, dass nachts unter dem Fußboden jemand seine Krallen zu wetzen schien, und da konnten ihnen auch die Wimpern nicht helfen.

Fünf Stunden später kam die Wimperdiskussion plötzlich wieder in Gang. Das kam vor, wenn der Gesprächspartner erst mal seine Gedanken sammeln musste oder weil er vor lauter Langeweile im Kopf all die Gespräche durchging, an die er sich irgendwie erinnern konnte.

»Und oben?«

»Was ist oben?«

»Na ja, wir sind ja im Keller, oder?«

»Ja.«

»Wir brauchen die Wimpern gegen die Ratten.«

»Ja.«

»Und die Hütten im Obergeschoss?! Da kommen doch von außen keine Ratten rein.« Der Streithahn schaute triumphierend, er dachte, er hätte seinen Gegner ausgestochen. Aber der andere schaute nur abschätzig und knurrte: »Und die Krähen?«

95. Das Klassentreffen

Den einen hatten sie gerade erst gebracht. Er schaute sich noch um, um herauszufinden, welche Liege in Bezug auf Sichtverhältnisse und Bequemlichkeit vorteilhafter war, da öffnete sich die Schleuse erneut:

»Oooh! Bruder! Du auch hier?!«, rief der Neuankömmling schon von der Schwelle aus.

»Ja, ich auch…«, der erste nickte traurig, »sei gegrüßt!«

Es war offensichtlich ein Ehemaligentreffen. Die Jungs waren einundzwanzig. In manchen Ländern konnte man in diesem Alter zum ersten Mal Alkohol kaufen. Aber die beiden hatten bereits einen Aufenthalt im Jugendgefängnis hinter sich, von dort kannten sie einander. Sie hatten in verschiedenen Abteilungen gesessen, aber waren fast gleichzeitig freigekommen:

»Du hattest neun Jahre, oder? Wie viel hast du abgesessen?«

»Fünf. Es gab Amnestien, und dann wurde ich vor acht Monaten entlassen.«

»Oh, cool!«

»Was ist daran cool?! Ich hatte Pech! Wenn sie mich nicht so früh entlassen hätten, wäre ich jetzt immer noch dort und nicht hier.«

»Stimmt… Und jetzt, hast du dein Urteil schon?«

»Ja … Wieder neun. Drei-zwei-acht – drei.«[35]

»Ich habe auch drei, aber mir haben sie siebeneinhalb gegeben, Bruder!«

»Da hast du Glück …« Der erste zog die Stirn noch mehr in Falten.

Dieser Dialog, den die anwesenden erwachsenen Ersttäter mit einer seltsamen Mischung aus Entsetzen und Bewunderung verfolgten, sagte bereits alles, noch bevor die traditionelle Begrüßungsrunde begann.

Als sie dann am Tisch saßen und Tschifir tranken, erinnerten sich die beiden an die Spitznamen ihrer alten Freunde aus der Kindheit, und mit vereinten Kräften riefen sie sich ins Gedächtnis, wofür diese damals gesessen hatten oder inzwischen aufs Neue verurteilt worden waren und wie viel sie bekommen hatten.

Alle schienen entweder noch oder schon wieder hier zu sein, das Kollektiv löste sich nicht auf.

Und alle Klassentreffen ihrer Schule aus dem Jugendgefängnis schienen nur an einem einzigen Ort stattfinden zu können.

96. Relativitätstheorie

Beim Tee konnten sich die Gespräche um alles Mögliche drehen, besonders wenn im Fernsehen dazu die »Unglaublichsten Hypothesen« liefen. Einer hatte eine Lieblingsgeschichte über einen Passagier, der so schnapsdurchtränkt war, dass er in Brand geriet, als er sich nach seiner Ankunft in Schodsina eine Zigarette anzündete.

Er habe es selbst nicht gesehen, aber glaubwürdige Leute hätten erzählt, dass derjenige, der in Brand geraten war, gerade noch so gelöscht werden konnte, und zwar auf sensationelle Weise, mit Witz und Erfindergeist.

»Das ist doch Dickens! ›Bleak House!‹[36]«, warf ein Nichtraucher mit Eigentumsdelikt aufgeregt ein.

»Ah, du hast auch davon gehört? Ja, wahrscheinlich Dickens. Ich kann mich an seinen Spitznamen nicht erinnern, aber irgendwie so.«

Am häufigsten sprachen sie aber davon, wo und wie lange sie sitzen würden.

In der Regel erzählten die alten Hasen, und die Jugend – einschließlich der Neulinge jenseits der sechzig – hörte zu und prägte sich ein, wie es in der Welt ablief, in der sie nun leben würde. Der Meister mit der größten Erfahrung stieß grauen Rauch aus und erklärte, dass alles in dieser Welt relativ sei.

»Viele von euch haben Paragraphen, nach denen ihr überhaupt nicht sitzen werdet.«

»Du meinst, weil sie uns freisprechen?«

»Guter Witz! Aber freisprechen? Ihr werdet nur nicht richtig sitzen: Ihr bekommt so wenig, dass es nicht zählt.«

»Und wie viel ist das?«

»Alles ohne Weichheitszeichen[37] – ein Jahr, zwei Jahre… Das zählt nicht.«

Alle gingen im Kopf die Zahlen durch. Wer als Ergebnis auf weniger als fünf kam, musste sich also keine Sorgen machen. Sie würden nicht richtig sitzen, sondern ihre Strafe auf einem Bein verbüßen, wie man hier sagte.

»Und wenn es ein Weichheitszeichen gibt?«, fragte einer, der nach Paragraph drei-zwei-acht, Absatz vier bereits zu einer unvorstellbaren Freiheitsstrafe verurteilt worden war, länger fast als sein bisheriges Leben.

»Dann muss man kreativ werden. Wie viele Jahre wirst du sitzen?«

»Na ja, fünfzehn…«

»Ich nur zwei!«

»Wieso zwei? Haben sie dir nicht zehn Jahre gegeben?«

»Ich werde eben zwei Schaltjahre sitzen.«

97. Verpasste Gelegenheiten

Man konnte viel über einen Menschen sagen, wenn man ihn dabei beobachtete, wie er sich durch das Labyrinth der unendlichen Innen- und Außenkorridore zum Ort des heutigen Hofgangs bewegte. Die Neulinge hatten schon Angst, sich von der Zellentür in Richtung der unbekannten Gefängniswelt zu entfernen, sie drückten sich an die Wand oder schlichen nur dem Vordermann hinterher. Wer schon eine Weile da war, kannte den Hauptweg, aber nur die passionierten Hofgänger konnten einen zu jedem der 24 Höfe führen. Jeder Hof war anders: unverwechselbare Zement- und Putzmuster an den Wänden, eine einzigartige Tier- und Pflanzenwelt… Aber die Hofgänger interessierten sich weniger für Flora und Fauna oder die Ausstattung, sondern vor allem für das Raummaß.

Die kleinen Hütten träumten von den großen Höfen mit sage und schreibe 7 × 4 Metern, in denen man (phantastisch!) sogar rennen konnte. Aber in solche Höfe kamen sie selten – höchstens mal, wenn es regnete oder ein interessanter Film gezeigt wurde, und auch dann nur zwischen Herbst und Frühjahr.

Im Sommer gingen alle raus, und die großen Hütten passten einfach nicht in die Höfe mit 2 × 2 Meter.

Aber auf welchen Hof die Hütte auch immer ging,

als Erstes begrüßte sie im Labyrinth der Außenkorridore mit offener Tür der Hof mit den zwei Einsen: Nummer 11.

Er war groß. Und hell. Es gab Eisenstangen und -gewichte, und auf jeden Fall eine Sprossenwand. Wohl auch einen Basketballkorb. Und vielleicht einen Barren. Und wahrscheinlich noch viele andere Wunderdinge, denn die Sportausstattung aller anderen Höfe beschränkte sich auf eine Bank: ein Brett auf zwei Eisenfüßen. Kurz gesagt, der Hof Nr. 11 war ein Paradies, und natürlich ein sehr begehrtes Ziel.

»Bürger Vorgesetzter! Sagen Sie uns bitte! Was müssen wir tun, um in den Hof 11 zu kommen?«

»Ich geh selbst dort hin!«

»Wirklich? Und wann gehen wir endlich hin?«

Da sagte der Aufseher in ernstem Ton, als wolle er sich entschuldigen:

»Da sind Sie zu spät zu uns gekommen, meine Herren. Das ist vorbei. Jetzt gehen nur noch die Minderjährigen dort hin.«

Sie hätten früher kommen müssen!

98. Sonnenbräune

Zu bestimmten Zeiten schien in bestimmten Höfen in bestimmten Momenten an bestimmten Stellen die Sonne.

Die Sonnenflecken drangen durch das Blech des schrägen Halbdaches, das die eine Seite des Hofs vor dem Regen schützte, und krochen an den unebenen Wänden entlang... Sie wurden von den Gitterstäben zerschnitten und zerfielen in Quadrate. Und in diesen Flecken badeten und aalten sich die kurzgeschorenen Köpfe. Auf der Jagd nach Sonne folgten sie der komplizierten Route dieser Flecken.

Der Kurort war natürlich ungewöhnlich, aber es war unzweifelhaft der beste, der ihnen zur Verfügung stand.

Alle liebten die Sonne, aber einer war offensichtlich vom Stamm der Sonnenanbeter: Unermüdlich folgte er dem Gestirn und suchte es auch im Winter und Frühjahr. Und plötzlich kam der Sommer, und die Sonne schien mehr und häufiger, und sie schien nicht nur, sie wärmte auch.

Bei einem der Hofgänge bemerkten sie, dass er mit zurückgeworfenem Kopf dastand, irgendwie übermäßig konzentriert aussah und fast ein bisschen herumtänzelte.

Auf ihre Scherze und Fragen hin gab er schließlich

zu, dass er sich ein »kosmetisches Projekt« ausgedacht habe, etwas noch nie Dagewesenes: eine Knastbräune. Wie ein Tattoo, nur cooler.

Der Unterschied zwischen einer banalen Strand- oder Sommerhausbräune und der Knastbräune bestand darin, dass bei dieser im Gesicht die Spuren der Gitterstäbe zu sehen sein sollten, die sie vom Himmel trennten: Also ein Muster aus bronzefarbenen Rechtecken und sich kreuzenden Streifen aus blasser Haut.

»Das kannst du vergessen!« Sie schnitten ihm das Wort ab.

»Warum?«

»Die Sonne bewegt sich, der Schatten bewegt sich. Und du stehst immer gleich da.«

»Und ich beweg mich auch!!!« Galileo hätte ihn um die Emotionalität dieses Ausrufs beneidet.

Offensichtlich hatte er dieses Problem schon bedacht: Linkes und rechtes Auge mussten immer auf der Schattenlinie eines Gitterstabs sein. Dafür musste er den Kopf drehen und die Füße umsetzen.

Eine ganze Woche lang tanzte er seinen langsamen Sonnentanz und fragte immerzu: »Und? Sieht man es? Wie ist meine Knastbräune?«

Obwohl der Hofgang nicht mal eine Stunde dauerte und die Sonne sich nicht jeden Tag zu ihnen gesellte, beteuerten alle, dass die Bräune gedieh. Und was für eine Bräune – eine Knastbräune!

Am Montag standen »Hygienemaßnahmen« auf dem

Plan, man führte sie zum Waschen. Nach der Dusche schaute er lange und irgendwie verstimmt in den Spiegel. Das war das Ende seines Kosmetikprojekts.

99. Pechvögel

Er wollte sich so gern die Nägel richtig schneiden: nicht immer mit diesen stumpfen Scheren, die man auf Anfrage bekam, sondern richtig. Er wusste, dass es in einigen Hütten glückliche Besitzer von Nagelknipsern gab, also schrieb er an seine Verwandten: Schickt mir einen Nagelknipser!

Und das taten sie! Der Ordnungsbeauftragte brachte ihm das Protokoll über die Beschlagnahmung verbotener Gegenstände zur Einsicht: »Sie haben Nagelknipser bekommen. Alles in Ordnung, wir haben sie bereits beschlagnahmt!«

»Aber wieso? Ich hab so was schon gesehen! Bei anderen!«

»Dann hatten sie dort eine Genehmigung von der Krankenstation.«

»Und wie geht das? Können wir das auch? Vielleicht mit Ihrer Hilfe?«

»Nein, können wir nicht. Wir kommen euch sowieso schon ständig entgegen. Gestern erst haben wir einem von euch, bevor er verlegt wurde, geholfen, Sachen zu übergeben, wir hätten uns auch an die Regeln halten können. Die Vorschrift besagt, dass die Verwandten Sachen aus dem Depot abholen können. Aber wo steht geschrieben, dass ihr etwas im Depot abgeben dürft, hä??? Genau!«, schloss er seine Rede.

Sie hatten kapiert. Sie schrieben einen Antrag, und am nächsten Tag kam der Arzt. Die Verhandlung führte sein Stammpatient, dem ständig irgendwas wehtat.

»Herr Doktor, wir hätten gern eine Genehmigung für einen Nagelknipser. Sie können doch so was ausstellen, oder?«

»Euch nicht!«

»Aber warum?«

»Wenn einer von euch Aids hätte oder Syphilis. Oder wenigstens einen Pilz, dann könnte ich eine Bescheinigung ausstellen, dass er einen eigenen Nagelknipser braucht. Aber so – leider nein.«

»Was sollen wir da machen, wenn wir so ein Pech haben? Hat nicht irgendjemand Aids oder Syphilis?«

Der Arzt hatte den Scherz offensichtlich nicht verstanden und empfahl ihnen ernsthaft, auf dem Gang nach einer Nagelschere zu fragen. Eine Nagelschere konnte tatsächlich vielen Hütten dienen, in denen vielleicht Menschen saßen, die mehr Glück mit Krankheiten hatten, aber nicht über einen eigenen Nagelknipser verfügten.

Das Problem war bekannt, daher wurden alle Scheren und Nadeln für den allgemeinen Gebrauch zunächst in die Flamme eines Streichholzes gehalten. So konnte man ein wenig ruhiger sein.

An diesem Abend betrachtete er lange das Protokoll

über die Beschlagnahmung seines Nagelknipsers und schrieb schließlich doch einen Antrag auf eine Schere. Am nächsten Tag brachten sie sie, aber es war irgendwie ein ziemlich seltsames Exemplar:

»Was ist das?«

»Eine Schere!«

»Und warum sind die Enden gebogen?«

»Die ist aus der Krankenstation, eine chirurgische.«

»Aber wir wollen uns nur die Nägel schneiden.«

»Was soll's! Jetzt könnt ihr euch gegenseitig den Blinddarm rausschneiden«, scherzte der Aufseher gutmütig.

Aber sie hatten schon wieder kein Glück, der Blinddarm musste niemandem entfernt werden.

100. Der Glücksabend

In der Hütte gab es zwei Löwen. Nicht im Sinne von Löwen aus dem Zoo, sondern nach dem Horoskop. Und es kam der Tag, an dem die Sterne im Lauftext der morgendlichen Fernsehshow prophezeiten, die Löwen seien heute vom Glück gesegnet!

Am Morgen ließ man sie in die Banja, das war natürlich ein Glück für die Löwen, aber für alle anderen auch, daher warteten die Löwen weiter.

Danach gingen sie auf den Hof – auf einen kleinen. Kein Glück, aber das galt auch für alle.

Auf dem Rückweg vom Hofgang konnte einer der Löwen einen Blick auf menschliche Wesen mit langen Haaren und außergewöhnlichen Figuren erhaschen, die nicht schnell genug hinter einer Ecke versteckt werden konnten, und verkündete dies auf irgendwie unverzeihlich banale Weise in der Hütte:

»Ich habe Weiber gesehen!«

»Da hast du Glück gehabt …«, sagte der andere Löwe enttäuscht. »Waren sie hübsch?«

»Ach … Retschyza!«, winkte der Glückspilz ab.

»Verstehe …«, sagte der andere Löwe, aber weil er es doch nicht so ganz verstand, hakte er nach: »Und in Retschyza sind die Weiber nicht so besonders?«

»Sehr besonders!«, mischte sich einer der Alteingesessenen ein und lachte auf.

»In Retschyza ist die einzige Strafkolonie mit stren-
gen Haftbedingungen für Frauen«, erklärte ihm doch
jemand.

»Aahh ...«, jetzt war es klar.

So warteten die Löwen bis zum Abend auf ihr Glück.
Aber die Tage waren alle gleich, und an diesem Tag passierte nichts Besonderes. Logen also am Ende nicht nur
die Wetterpropheten, sondern auch die Horoskope?!

Und dann, kurz vor Zapfenstreich, als der Tag sich
fast schon verabschiedet hatte, rief der Löwe, der heute
Retschyza nicht gesehen hatte, begeistert:

»Leute! Ich hab Glück!« Er hielt ein frisches Bettlaken in der Hand.

»Stellt euch vor! 8 Monate bin ich schon hier! 32 Ba-
detage! 64 Bettlaken hatte ich schon. Und heute ist es
plötzlich passiert – ein Laken ohne Naht.«

Er zeigte das Laken in seinen ausgestreckten Armen.
Es war unglaublich, aber es war wirklich ohne Naht –
nicht aus zwei Teilen zusammengenäht.

Jemand warf ein, das sei nichts Besonderes, er hätte
auch schon so eins gehabt, aber der zufriedene Löwe
sagte mit einem Lächeln im Gesicht, er werde zum ersten Mal seit acht Monaten ohne Naht einschlafen. Es
war ein Glücksabend.

Und zu seinem Mitbruder aus der astrologischen
Tierwelt sagte er: »Und du hattest heute auch unglaub-

liches Glück. Die Weiber waren bestimmt der Wahnsinn. Überhaupt kein Retschyza! Du hast es nur nicht gesehen! Es war ein Glücksabend!«

Valzhyna Mort
Der Himmel über Witebsk

Wer Maxim Znaks Sammlung *Zekamerone* liest, wird glauben, Geschichten über das Leben im Gefängnis vor sich zu haben, scharfsinnig beobachtet, voll erstaunlicher Details und ironischer Prägnanz – verfasst von einem Insassen, dessen Herz in der Absurdität sanftmütig und weise bleibt. Doch Znaks *Zekamerone* ist mehr als das. *Zekamerone* ist auch eine Geschichte darüber, wo, wie und warum diese Erzählungen geschrieben wurden.

Wie sind diese Geschichten zu Ihnen gelangt? Sie flogen, wie gemalt von Marc Chagall, hinweg über Gefängnismauern, Grenzen, Sprachen.

Vor den Wahlen 2020 war Maxim Znak ein charismatischer Anwalt, der leidenschaftlich gern Songs schrieb und Marathons lief. Geboren 1981 in einem Land, das es nicht mehr gibt, gehörte er zu einer Generation von Belarussen, denen man das Versprechen gegeben hatte, sie könnten ein neues Land aufbauen. Maxim schloss sich dem Anwaltsteam des Präsidentschaftskandidaten Viktor Babaryka an, der im Juni 2020 festgenommen wurde – zwei Monate vor der Wahl im sechsundzwanzigsten Jahr der Präsidentschaft von Alexander Lukaschenka. Weil Lukaschenka keine Übung darin hat, Alternativen neben sich zu dulden, musste jeder Schritt von Babarykas Kandidatur juristisch untermauert werden, wodurch den Anwälten eine Hauptrolle im Wahlkampf zukam. Nachdem Babaryka festgenommen wurde, arbeitete Max für die Oppositionsführerin Swetlana Tichanowskaja, die als einzige Gegenkandidatin übriggeblieben war, wohl weil Lukaschenka davon ausging, als »Hausfrau« hätte sie keine Chance. Nachdem Tichanowskaja gezwungen war, ins Exil nach Litauen zu fliehen, arbeitete Max mit Maria Kalesnikava zusammen und wurde Teil des Koordinierungsrats, einer Gruppe von Oppositionellen, die einen friedlichen Übergang und Lukaschenkas Abgang koordinieren sollten – so lange jedenfalls, bis diejenigen Mitglieder, die noch nicht geflohen waren, kurz nacheinander festgenommen wurden.

Maxim wurde fünf Tage nach seinem neununddreißigsten Geburtstag am 9. September gekidnappt, von Männern, deren Gesichter unter schwarzen Skimasken verborgen waren. Ein Jahr später wurde er zu 10 Jahren Haft in einem Straflager verurteilt. Im Grunde leben alle Belarussen in einem Gefängnis. Doch gibt es innerhalb dieses Gefängnisses, das so groß ist wie ein ganzes Land, wiederum wirkliche Gefängnisse mit Zellen (»Hütten«) und in diesen wiederum kleinere Einzelhaftzellen – wie russische Matrjoschkas. In diesen Einzelhaftzellen sitzt oft ein Mensch, der im Inneren eine leere »Hütte« trägt – ein Magen im Hungerstreik.

Das Gefangenenprofil von Maxim zeigt sein freundliches, intelligentes Gesicht und verkündet »Auf der Liste der ›Terroristen‹ (Geldüberweisungen verboten)«.

Geschichtenerzählen ist eine Gabe, die insbesondere für Politiker, Anwälte, Autoren und Gefangene wichtig ist. Es ist die Gabe, die eigene Wirklichkeit zu verwandeln in eine Erzählung, die diese Wirklichkeit greifbar macht. Maxim und ich nahmen, als wir auf dem Gymnasium waren, an städtischen Geschichtswettbewerben teil. Wir traten für die gleiche Schule an, und Maxim war der Kapitän unseres Teams. Ich erinnere mich an die erste Frage eines Wettbewerbs: »Wie sah das Territorium von Belarus vor 16 000 Jahren aus?« Das war einfach. Vor 16 000 Jahren lag das Territorium unter einer Eisschicht. Als wir uns einander zuwandten, um hektisch »Eiszeit« zu flüstern, fügten sich unsere Köpfe wie Blütenblätter einer fleischfressenden Pflanze um ein Insekt. »Eiszeit!« »Alles klar!«, rief Max und drückte den Knopf. Er zog das Mikrofon zu sich heran und sprach hinein: »Wir denken, dass Belarus vor 16 000 Jahren ein Ort mit grünen Wiesen und blühenden Bäumen war.« Diese Runde verloren wir.

Warum sagte er das? Ich habe mich das viele Jahre lang gefragt, obwohl ich nicht wusste, warum die Erinnerung wichtig war. Jetzt, da Maxim politischer Gefangener ist, wird mir klar, dass er das damals sagen *musste*. In diesem Moment musste etwas in ihm – zu Beginn einer neuen Geschichte auf belarussischem

Territorium, markiert von Lukaschenkas Aufstieg zur Macht – dem Offensichtlichen widersprechen. Er trotzte den ersten Seiten unseres gerade erst aufblätternden und schon zerfallenden Geschichtsbuchs, ersetzte das Eis durch Blüten.

Maxim begann die Arbeit am *Zekamerone* während seiner Zeit im Minsker Untersuchungsgefängnis Nr. 1, das unweit unseres ehemaligen Gymnasiums liegt. Das Untersuchungsgefängnis ist eigentlich eine Burganlage, *Pischtschalawski samok*, benannt nach der Familie, die es 1825 erbaute. Die Anlage war geplant als ein Gefängnis für das russische Zarenreich, persönlich gutgeheißen von Zar Nikolaus I. Ihr »Ruhm« gründet auf der fast zweihundert Jahre langen Liste mit politischen Insassen und Hinrichtungen. In einer einzigen Nacht, vom 29. auf den 30. Oktober 1937, auf einem Höhepunkt des stalinistischen Terrors, wurden sechsunddreißig Vertreter der belarussischen Kunst, Kultur und Wissenschaft im Keller der Burg von NKWD-Offizieren durch Kopfschuss getötet. Insgesamt wurden während der stalinistischen Säuberungen 1937-1940 an die hundert Gefangene wegen angeblich antisowjetischer Aktivitäten in der Pischtschalowski-Burg hingerichtet. Wenn Maxim also die Reinigung einer schmutzigen Isolationszelle als archäologische Forschung beschreibt, so ist das nicht nur ironischer, sondern dramatischer Humor.

Maxim schrieb diese »Pischtschalowski-Elegien« vom 9. September 2020 bis zum 24. Dezember 2021.

2021 wurde er, der Alumni einer der angeblich besten Schulen des Landes, in das angeblich beste Gefängnis des Landes transferiert, in die Wizba-Haftanstalt Nr. 3. Das Gefängnis, gelegen im Vorort Wizba vor den Toren der Stadt Witebsk, steht neben einer psychiatrischen Klinik. Drei Institutionen teilen sich den Namen Wizba: das Gefängnis, die Klinik und ein beliebter Pralinenhersteller. »Wizba: das Leben füllen mit Genuss« ist der unironische Werbespruch der Marke.

Witebsk ist ein Heimatort von Marc Chagall: Liebespaare, Ziegen, alte Männer, die in kühlen Wolken fliegen. »Warum fliegen die Liebenden bei Ihnen im Himmel?«, fragte man Chagall viele Male. »Weil sie glücklich sind«, war seine Antwort. Ich stelle mir vor, im Himmel über Witebsk fliegen nicht Marc und Bella, sondern Max und Nadia.

Warum kommen diese Geschichten hierher, zu Ihnen, durch Gefängnismauern und kühle Wolken? »Weil dieses Buch Maxim glücklich machen würde«, sagte Nadia.

Ein anderer Wizba-Insasse, wie Maxim ein politischer Gefangener, gab in einem Interview Tipps, wie man die Haft überlebt: Man dürfe sich nicht neu erfinden, sondern als genau der Mensch weiterleben, der man außerhalb des Gefängnisses war. Und so hat Maxim, ein Jurist, der sein Leben lang Erzählungen, Lieder, Gedichte schrieb, sich entschieden, weiterzuschreiben. Es ist ihm verboten, mit jemandem außerhalb seiner Familie (nur vier Menschen: Vater, Schwester, Ehefrau, Sohn) zu korrespondieren, also schreibt er vor und nach den Zwangsarbeitsstunden. Er ist ein Gefangener mit zwei Jobs: als Nähgehilfe schneidet er Stoffe zu. Als Autor schneidet er das Chaos der Realität zu Geschichten um. Er beobachtet, erinnert, denkt und schreibt.

Sie sind nicht die Ersten, die diese Geschichten lesen. Auch die Belarussen, die die ersten Zeitschriftenabdrucke lasen, waren es nicht. Die ersten Leser nämlich waren die ersten Zuhörer: Maxim las die Manuskripte seinen Zellengenossen vor, die auch Figuren seiner Geschichten waren. Sie hörten zu und lachten, wie einst Kafkas Zuhörer lachten über einen Menschen, der in einem System staatlich verwalteter Verzweiflung feststeckte. Und darum ist die Erzählung darüber, wie sie geschrieben und gelesen wurden, genauso wichtig wie die Geschichten selbst.

Und es gibt eine dritte Geschichte. Doch diese kann ich Ihnen nicht erzählen. Ich kann sie nicht erzählen, weil sie beschreiben würde, wie die Geschichten aus einem belarussischen Gefängnis hinausgelangten. Maxim sind Notizbücher gestattet, doch darf er sie nicht seiner Familie geben. Anders als Kafkas kaiserliche Botschaft, die nie den Palast verließ, gelang es der Botschaft des belarussischen politischen Gefangenen, dem Gefängnis zu entkommen. Sie flog.

Maxims schöpferische Kraft in diesen Jahren ist atemberaubend. Als ihm alles genommen wurde, erwies sich sein Wille, die Welt durch Sprache und Fantasie zu verändern, als die lebenswichtigste seiner vielen Fähigkeiten. Die Freiheit des Ausdrucks kann einem nicht genommen werden.

Maxims Vater erzählte in Interviews, wie schwer es ihm fällt, Worte zu finden, wenn er seinen gefangenen Sohn durch die Glasscheibe ansieht, die sie voneinander trennt. Schreiben ist einfacher. Briefe, Geschichten: Die geschriebene Sprache sucht sich einen Weg aus dem Körper, vorbei an dem Klumpen Sprachlosigkeit in der Kehle. Die Erfahrung des Vaters führt uns vor Augen, wie physisch unsere Sprache ist: Sie geht durch den Körper, durch die Energie unserer Herzen, Adern, Venen, Bäuche, Kehlen. Schreiben erlaubt es uns, die Sprache auf den Körper einer Seite umzuleiten. Und Papier kann ertragen, was ein menschlicher Körper nicht ertragen kann.

Ich betone in meinem Nachwort, wie wichtig der Kontext dieser Geschichten ist, weil Sie das Buch in der Sicherheit Ihres Zuhauses und Ihres Lebens lesen werden. Sie werden die Geschichten lustig finden, sogar lehrreich. Der Protagonist von *Zekamerone* ist ein Gefängnisneuling wie vermutlich auch seine Leser – wir staunen und fürchten uns gemeinsam. Den lehrreichen Charakter vieler dieser Geschichten werden Sie vielleicht als anregend empfinden, denn Sie erlernen Fertigkeiten, die Sie hoffentlich nie brauchen werden:

wie man mit Zahnschmerzen fertig wird, wenn man nicht zum Arzt gehen darf. Wie man aus Plastiktüten einen Besen und aus Toilettenpapier einen Lufterfrischer macht. Wie sich Gemeinschaften formen – »Familien« – in einer »Hütte«. In einer unerwartet sanften Geschichte werden Sie die Logistik kennenlernen, die einem Hungerstreik vorausgeht. Sie lernen, dass im Gefängnis jeder ein Totschläger ist – ein Zeittotschläger. Eine Geschichte über Mascha, ein Schneewittchen mit Lippen rot wie roter Ziegelstein, wird Ihnen das Herz brechen. In einer anderen Geschichte beschreibt Maxim das winzige Essensfenster in seiner Zelle als »Fenster nach Europa« und schließt: »Frag nicht, für wen sich der Schnabel öffnet – er öffnet sich für dich.«

Nun, fragen Sie nicht, für wen diese Geschichten geschrieben wurden.

Ithaca, NY, Oktober 2022

Aus dem Englischen von Uljana Wolf

Anmerkungen der Übersetzer

1 Die Mitarbeiter der Gefängnisverwaltung müssen grundsätzlich mit *graschdanin natschalnik* (dt. Bürger Vorgesetzter) angesprochen werden. Die Anrede stammt aus sowjetischer Zeit, als mit dem Begriff »Bürger« (im Gegensatz zu »Genosse«) ein offizielles Distanzverhältnis ausgedrückt wurde.

2 Bei den gefälschten Wahlen in Belarus im August 2020 standen die »weiß-rot-weißen« Wähler, die ihre Stimme für die Oppositionskandidatin Swetlana Tichanowskaja abgeben wollten, in langen Schlangen vor den Wahllokalen, die sich meist in Schulen befinden. Nachdem Machthaber Lukaschenka zwei Kandidaten hatte verhaften und von der Wahl ausschließen lassen, legte er am Wahltag sein hochprozentiges Ergebnis von 80 % mittels blanker Fälschung fest.

3 Beim Transport zum Gericht oder in ein anderes Gefängnis werden die Gefangenen erst aus der Zelle geholt, dann aber noch in eine winzige Kammer gesperrt, den »Stauraum« (otstojnik). Im Schubbus, dem Gefangenentransporter, werden sie meist in einen schmalen Verschlag gepfercht, den »Becher«, in dem nur aufrechtes Stehen möglich ist.

4 »Schippe« (sowok) ist ein abschätziges Wort für den normierten, fügsamen, erniedrigten Sowjetmenschen – ein Werkzeug der Staatsmacht. Znak verwendet es hier bewusst hervorgehoben in belarussischer Orthografie (sawok): »Das sind wir«, dazu sollen wir gemacht werden, gesichtslose Untertanen in einer grauen Masse.

5 Es handelt sich um einen sehr populären, im Stil eines romantischen Volkslieds gehaltenen Song der Gruppe »Ljube« aus dem Jahr 1994 über eine auf freiem Feld verbrachte Nacht.

6 *Chip und Chap* ist eine US-amerikanische Zeichentrickserie (Chip 'n' Dale), die in Deutschland zunächst unter dem Titel *Ahörnchen und Behörnchen* bekannt wurde, im postsowjetischen Raum unter *Chip i Dejl*. Trixi, im Original Gadget Hackwrench (etwa: Apparat Bastlerinschraubenschlüssel), im Russischen Gajka oder in der Kose-

form Gaetschka (Schraubenmutter), ist eine Maus, die in der Serie als junge, blonde Mechanikerin und Erfinderin auftritt.

7 Krümelchen (Kroschetschka) – Anspielung auf den Märchen-Zeichentrickfilm Kroschetschka-Chawroschetschka (2007), in dem Krümelchens Eltern sterben, das kleine Mädchen zur bösen Tante Bobylicha kommt und dort für diese putzen und dann immer schwerere Arbeiten erledigen muss. Zur Hilfe kommt ihr die mit Wunderkräften ausgestattete Kuh ihrer verstorbenen Eltern. Als Bobylicha die Kuh aus Rache schlachtet, vergräbt Krümelchen deren Knochen, an dieser Stelle wächst kurz darauf ein Apfelbaum. Im Herbst kommt ein Prinz auf der Jagd in die Nähe das Hauses, in dem Krümelchen gefangen gehalten wird. Er möchte die Äpfel kosten, allein Krümelchen gelingt es, diese zu pflücken, der Prinz verliebt sich in sie und reitet mit ihr auf sein Schloss, wo sie lange und glücklich leben.

8 Tschifir – sehr starker Teesud, der als Rauschmittel verwendet wird.

9 Anspielung auf den Roman »Three men in a boat« von Jerome K. Jerome, wo in Kapitel 14 George, Harris und J. mit Kartoffeln, Kraut, Erbsen und vielem mehr einen irischen Eintopf zubereiten.

10 Chatschapuri ist ein mit heißem, flüssigem Käse gefülltes georgisches Fladenbrot. In den verschiedenen Gegenden Georgiens wird Chatschapuri mit weiteren Zutaten zubereitet und ist so Ausdruck regionaler Identität.

11 205er – nach Paragraph 205 des Belarussischen Strafgesetzbuchs: Diebstahl.

12 »Ross« (kon') wird in der Gefängnissprache das von den Gefangenen errichtete Transportsystem zwischen den Zellen genannt: eine »Seilbahn«, deren Seil aus Fäden besteht, die durch das Aufwickeln von Pullover-Ärmeln oder Socken gewonnen werden.

13 *Waladarka* ist der Name für das in der Waladarskij-Straße gelegene Untersuchungsgefängnis Nr. 1 in Minsk. Es befindet sich mitten im Stadtzentrum in einer neoklassizistischen Festung (Pischtschalowski-Burg), die in der ersten Hälfte des 19. Jahrhunderts als Gefängnis errichtet wurde. Hier wurden nach den Aufständen von 1830-1831 und 1863-1864 Gefangene eingesperrt, darunter bekannte belarussische Literaten der Zeit. In der Nacht vom 29. auf den 30. Oktober 1937 tötete der sowjetische Geheimdienst hier durch

Schuss in den Hinterkopf 36 Menschen aus der belarussischen Kulturszene. Während des Zweiten Weltkriegs hielt die nationalsozialistische Besatzungsmacht dort Partisanen fest und richtete viele von ihnen hin. Ab den 1950er Jahren war dieses Gefängnis das einzige in der Belarussischen Sowjetrepublik, wo Hinrichtungen durchgeführt wurden. Dies blieb auch nach der Auflösung der Sowjetunion so. Zwischen 1991 und 2015 wurden etwa 400 Menschen in der Waladarka durch Kopfschuss getötet. – Schodsina ist ein Gefängnis in der 60 Kilometer nordöstlich von Minsk gelegenen gleichnamigen Mittelstadt. Es wurde 1984 als Arbeitsheilanstalt für Drogenabhängige errichtet und ist das einzige Gefängnis in Belarus, in dem sowohl Untersuchungsgefangene als auch Strafgefangene einsitzen. Viele der über 1000 politischen Gefangenen in Belarus sind oder waren vorübergehend hier inhaftiert. – Nawinki ist eine im Norden von Minsk im Stadtteil Nawinki gelegene Nervenheilanstalt. Auch diese Einrichtung hat eine 100-jährige Geschichte.

14 »Die geheimnisvolle Insel« (L'Île mystérieuse) ist ein vielfach verfilmter Roman von Jules Verne aus dem Jahr 1874/75, in dem sechs Männer mit einem Ballon Schiffbruch erleiden und auf einer einsamen Insel landen.

15 Das Parlament der polnisch-litauischen Adelsrepublik (1569-1795). Dort hatte jeder Abgeordnete ein Einspruchsrecht, alle Entscheidungen mussten einstimmig gefasst werden.

16 »Wenn im ersten Akt ein Gewehr an der Wand hängt, dann wird es im letzten Akt abgefeuert.« (Anton Tschechow)

17 Die Banja wird in zahlreichen Volks- und Pseudovolksliedern besungen.

18 Wortspiel. Angedeutet ist auch der in Belarus häufig verwendete VPN-Dienst »Siphon«, der es erlaubt, Internetzensur zu umgehen.

19 Ein besonders großes Päckchen aus der Außenwelt.

20 »Unterwelt«, Spelunke, düsteres Viertel.

21 Koschei, »der Unsterbliche«, ist eine Gestalt der russischen Mythologie. Seine Seele verbirgt sich in einer Nadel, die sich in einem Ei versteckt. Das Ei befindet sich in einer Ente und diese wiederum in einem Hasen, der in einer eisernen Kiste sitzt, die unter einer Eiche auf der Insel Bujan vergraben liegt, weit draußen im Meer.

22 Anfangszeilen eines sowjetischen Kinderliedes.

23 Eine leicht säuerliche Fleisch- oder Fischsuppe. Der besondere Geschmack entsteht durch kleingeschnittene Salzgurken und deren Lake.

24 Der Präsidentschaftskandidat Sergej Tichanowski prägte während des Wahlkampfs vor den Präsidentschaftswahlen den Spruch, dass Machthaber Lukaschenka bei den Wahlen im August 2020 wie eine Kakerlake mit dem Pantoffel erschlagen werde. Das Team um den Oppositionskandidaten Viktor Babaryka stand solcher rabiaten Rhetorik kritisch gegenüber.

25 Kalli, von Kalfaktor – deutsche Entsprechung für russ. *Balandjor*. Beide Begriffe bezeichnen einen Gefangenen, der Hilfsdienste in der Gefängnisverwaltung leistet und beispielsweise für die Essensverteilung verantwortlich ist.

26 In »Game of Thrones« nimmt Eddard Stark, Herrscher von Winterfell, seinen erst zehn Jahre alten Sohn Bran mit zu der Hinrichtung eines Deserteurs und begründet dies mit den Worten: »There is only one god and his name is Death. And there is only one thing we say to Death: ›Not today.‹« [Es gibt nur einen Gott und sein Name ist Tod und es gibt nur eines, was wir dem Tod sagen: ›Nicht heute‹.]

27 Die Geschichte ruft Bilder und Sätze aus dem Märchen »Kurotschka Rjaba« (dt. unter dem Titel »Das goldene Ei« erschienen) auf, das der Äsop-Fabel »Die Gans, die goldene Eier legte« nahesteht. Die Szene in der Gefängnis-»Hütte« ist in Analogie zur Szenerie des Märchens in der Bauernhütte gestaltet, in beiden Fällen werden bestimmte Weltmodelle und Vorstellungen von Glück und Vergänglichkeit transportiert.

28 Ironische Wortschöpfung aus SIZO (Untersuchungsgefängnis) und SEZAM (Sesam, öffne Dich …)

29 »Sternträger«, Vollzugsbeamte mit Rangabzeichen

30 »Hahn« (petuch) bezeichnet im Gefängnisjargon einen Gefangenen, der ganz unten in der Gefängnishierarchie steht und mindestens einmal passiv an homosexuellen Handlungen beteiligt war. Auch der Ausdruck »Fische« im folgenden Absatz hat eine sexuelle Konnotation.

31 »Die scharlachrote Blume« ist ein Märchen von Sergej Aksakov (1791-1859), das auf dem Volksmärchen »Die Schöne und das Biest« basiert. In der russischen Variante fragt ein reicher Kaufmann seine

drei Töchter, was er ihnen von seiner Reise mitbringen soll. Die jüngste wünscht sich eine scharlachrote Blume.

32 In *Winnie-the-Pooh* bekommt der traurige Esel I-Aah zum Geburtstag einen leeren Honigtopf und einen geplatzten Luftballon geschenkt – und feiert einen fröhlichen Geburtstag.

33 AUE ist ein informeller Zusammenschluss vor allem jugendlicher Straftäter und Gefängnisinsassen. BeTscheBe steht für Weiß-Rot-Weiß, die Farben der belarussischen Opposition.

34 »Absatz 1« verweist hier auf Artikel 139 des belarussischen Strafgesetzbuchs. Im Gegensatz zu Absatz 1 geht es in Absatz 2 um Mord unter erschwerenden Umständen.

35 § 328 bedeutet Drogenbesitz, Absatz 3: schwerer Drogenhandel, die vorgesehene Strafe für diesen Absatz ist acht bis fünfzehn Jahre.

36 In Charles Dickens' 1852 erschienenem Roman *Bleak House* stirbt der analphabetische Säufer Krook an einer »spontanen Selbstentzündung«, ein Vorgang, der Mitte des 19. Jahrhunderts vielen als möglich erschien. Krook hortet in der Geschichte in seinem Trödelladen alte Zeitungen, die am Ende des Romans die Lösung zu dem über viele Generationen hinziehenden Erbschaftsstreit »Jarndyce vs. Jarndyce« bringen, der im Zentrum des Romans steht. »Jarndyce vs. Jarndyce« ist im Englischen eine Redewendung für endlose Gerichtsprozesse.

37 Im Russischen werden die Zahlen eins bis vier ohne Weichheitszeichen geschrieben, alles, was darüber ist, verfügt über ein Weichheitszeichen.

Osteuropäische Literatur
in der edition suhrkamp
Eine Auswahl

Anna Altschuk. schwebe zu stand. Gedichte. Mit einem Nachwort von Michail Ryklin und einem Werkstattbericht von Gabriele Leupold und Henrike Schmidt. Aus dem Russischen von Gabriele Leupold, Henrike Schmidt und Georg Witte. es 2610. 167 Seiten

Juri Andruchowytsch
- Engel und Dämonen der Peripherie. Essays. Aus dem Ukrainischen von Sabine Stöhr. es 2513. 217 Seiten
- Das letzte Territorium. Essays. Aus dem Ukrainischen von Alois Woldan. Nachwort übersetzt von Sofia Onufriv. es 2446. 192 Seiten

Juri Andruchowytsch/Andrzej Stasiuk. Mein Europa. Aus dem Ukrainischen von Martin Pollak und Sofia Onufriv. es 2370. 160 Seiten

Attila Bartis. Die Apokryphen des Lazarus. Zwölf Feuilletons. Aus dem Ungarischen von Laszlo Kornitzer. es 2498. 99 Seiten

Bora Ćosić
- Die Reise nach Alaska. Aus dem Serbischen von Katharina Wolf-Grießhaber. es 2493. 172 Seiten
- Die Zollerklärung. Aus dem Serbischen von Katharina Wolf-Grießhaber. es 2213. 153 Seiten

Miloš Crnjanski
- Ithaka und Kommentare. Aus dem Serbischen neu übersetzt und kommentiert von Peter Urban. es 2639. 260 Seiten
- Tagebuch über Čarnojević. Aus dem Serbischen von Hans Volk. Mit einem Nachwort von Ilma Rakusa. es 1867. 137 Seiten

László Darvasi

- Herr Stern. Novellen. Aus dem Ungarischen von Heinrich Eisterer. es 2476. 227 Seiten
- Eine Frau besorgen. Kriegsgeschichten. Aus dem Ungarischen von Heinrich Eisterer, Terézia Mora und Agnes Relle. es 2448. 184 Seiten

Ljubko Deresch

- Intent! oder Die Spiegel des Todes. Aus dem Ukrainischen von Maria Weissenböck. es 2536. 316 Seiten
- Die Anbetung der Eidechse oder Wie man Engel vernichtet. Aus dem Ukrainischen von Maria Weissenböck. es 2480. 200 Seiten
- Kult. Roman. Aus dem Ukrainischen von Juri Durkot und Sabine Stöhr. es 2449. 259 Seiten

Andrej Gelassimow. Durst. Aus dem Russischen von Dorothea Trottenberg. es 2624. 115 Seiten

Oleg Jurjew. Spaziergänge unter dem Hohlmond. Kleiner kaleidoskopischer Roman. Aus dem Russischen von Birgit Veit. es 2240. 134 Seiten

Ryszard Kapuściński. Der Andere. Aus dem Polnischen von Martin Pollack. es 2544. 92 Seiten

Artur Klinau

- Acht Tage Revolution. Ein dokumentarisches Journal aus Minsk. Aus dem Russischen von Volker Weichsel und Thomas Weiler. es 2772. 265 Seiten
- Minsk. Sonnenstadt der Träume. Aus dem Russischen von Volker Weichsel. Mit Fotografien des Autors und Abbildungen. es 2491. 175 Seiten

Wojciech Kuczok. Höllisches Kino. Über Pasolini und andere. Aus dem Polnischen von Gabriele Leupold und Dorota Stroińska. es 2542. 138 Seiten

Stanisław Lem. Dialoge. Aus dem Polnischen von Jens Reuter. Mit einem Nachwort des Autors. es 1013. 319 Seiten

Barbara Markovic. Ausgehen. Aus dem Serbischen von Mascha Dabic. es 2581. 95 Seiten

Valzhyna Mort
- Musik für die Toten und Auferstandenen. Gedichte. Aus dem Englischen und dem Weißrussischen übersetzt von Katharina Narbutovič und Uljana Wolf. es 2766. 142 Seiten
- Kreuzwort. Gedichte. Aus dem Englischen von Uljana Wolf und Katharina Narbutovič. es 2663. 109 Seiten
- Tränenfabrik. Gedichte. Aus dem Weißrussischen von Katharina Narbutović. es 2580. 86 Seiten

Taras Prochasko. Daraus lassen sich ein paar Erzählungen machen. Aus dem Ukrainischen von Maria Weissenböck. es 2578. 124 Seiten

Mykola Rjabtschuk. Die reale und die imaginierte Ukraine. Mit einem Nachwort versehen von Wilfried Jilge. Aus dem Ukrainischen von Juri Durkot. es 2418. 175 Seiten

Michail Ryklin
- Mit dem Recht des Stärkeren. Die russische Kultur in Zeiten der gelenkten Demokratie. Aus dem Russischen von Gabriele Leupold. es 2472. 239 Seiten
- Räume des Jubels. Totalitarismus und Differenz. Essays. Aus dem Russischen von Dirk Uffelmann. es 2316. 238 Seiten

Andrzej Stasiuk

- Tagebuch, danach geschrieben. Aus dem Polnischen von Olaf Kühl. es 2654. 176 Seiten
- Dojczland. Eine Reise. Aus dem Polnischen von Olaf Kühl. es 2566. 92 Seiten
- Fado. Reiseskizzen. Aus dem Polnischen von Renate Schmidgall. es 2527. 158 Seiten
- Die Mauern von Hebron. Aus dem Polnischen von Olaf Kühl. es 2302. 160 Seiten
- Über den Fluß. Erzählungen. Aus dem Polnischen von Renate Schmidgall. es 2390. 189 Seiten.
- Wie ich Schriftsteller wurde. Versuch einer intellektuellen Autobiographie. Aus dem Polnischen von Olaf Kühl. es 2236. 144 Seiten

Dubravka Ugrešić. Die Kultur der Lüge. Aus dem Serbo-kroatischen von Barbara Antkowiak. es 1963. 303 Seiten

Tomas Venclova. Vilnius. Eine Stadt in Europa. Aus dem Litauischen von Claudia Sinnig. Mit Fotografien von Arunas Baltenas. es 2473. 242 Seiten

Serhij Zhadan

- Antenne. Gedichte. Aus dem Ukrainischen von Claudia Dathe. es 2752. 144 Seiten
- Warum ich nicht im Netz bin. Gedichte und Prosa aus dem Krieg. Aus dem Ukrainischen von Claudia Dathe. Mit einem Nachwort des Autors. es-Sonderdruck. 180 Seiten
- Big Mäc. Geschichten. Aus dem Ukrainischen von Claudia Dathe. es 2630. 277 Seiten
- Anarchy in the UKR. Aus dem Ukrainischen von Claudia Dathe. es 2522. 216 Seiten
- Depeche Mode. Roman. Aus dem Ukrainischen von Juri Durkot und Sabine Stöhr. es 2494. 245 Seiten
- Geschichte der Kultur zu Anfang des Jahrhunderts. Gedichte. Aus dem Ukrainischen von Claudia Dathe. es 2455. 81 Seiten

edition suhrkamp
Eine Auswahl